Weidgerechte Angelfischerei

Ethische Betrachtung einer Passion

Die Illustrationen entstammen dem klassischen Werk von Isaac Walton: „The Complete Angler or The Contemplative Man's Recreation", First Nicolas Edition, London, Pickering, 1836 (Sammlung Göllner).

3. revidierte und ergänzte Auflage

Printed in Germany
ISBN 3-905678-08-X

www.fischueberalles.ch

Franz Menzebach
Armin Göllner

Weidgerechte Angelfischerei

Ethische Betrachtung einer Passion

fischueberalles.ch

Inhaltsverzeichnis

Vorwort zur 3. Auflage

Franz Menzebach (1898-1984) verfasste im Zenit seines angelfischereilichen Schaffens die 1960 erschienene Schrift „Fischgerechtigkeit – weidgerechtes Sportfischen“, die in unveränderter Form 1970 ihre 2. Auflage erfuhr. Sie war ein Meilenstein auf dem schwierigen Weg, der Angelfischerei in Deutschland öffentliche Anerkennung zu verschaffen. Menzebach schöpfte aus einer langjährigen Mitarbeit an der Lehr- und Versuchsanstalt für Fischerei in Starnberg ebenso wie aus seiner Mitarbeit in der 1843 gegründeten und zu Weltruhm gelangten Münchener Angelgerätefirma Heinrich Hildebrand Nachfolger Jacob Wieland. Diese glückliche Kombination, verbunden mit einer vielseitigen fischereilichen Leidenschaft und Begabung machte ihn seinerzeit zu einem unbeugsamen Kämpfer für eine umfassende Fischgerechtigkeit.

Das Werk von Menzebach drohte in Vergessenheit zu geraten, obwohl das Thema selbst aktueller denn je war und in Zukunft bleiben wird. Es haben sich zwischenzeitlich natürlich große Veränderungen an den Fischwassern vollzogen – in der Regel in Gestalt tragischer Verschlechterungen. Geblieben ist die Leidenschaft der Angelfischer, die Jahr für Jahr enorme Geldbeträge und Millionen freiwilliger Arbeitsstunden leisten, um Lebensräume – Biotope – für die Fischwelt und die Fischvielfalt sowie für eine artenreiche Pflanzen- und Tierwelt überhaupt zu erhalten.

Angelfischer sind es, die auf diese Weise, neben den Jägern, dazu aktiv beitragen, dass für die Gesellschaft insgesamt wichtige Werte und Kulturlandschaften erhalten bleiben. Damit verbinden sich viele Fragen und Probleme, mit denen man die Angelfischer nicht allein lassen darf: Ethische Fragen und Probleme rund um die Angelfischerei.

Ich bin dankbar und gern der Bitte des Inhabers des Verlages, Herrn Andreas Mächler, gefolgt, Menzebachs Werk in eine neue, unseren globalisierten Veränderungen Rechnung tragenden Fassung zu bringen. Hierbei zeigte sich schnell, dass Menzebachs Begriff der Fischgerechtigkeit nicht mehr haltbar ist, weil er eine wechselseitige Abkopplung von Anglern und Jägern fördert. In einer Zeit, in der Fischerei und Jagd vielen Anfeindungen ausgesetzt sind, insbesondere aus den Richtungen selbsternannter Naturschützer und Ökofundamentalisten, ist es wenig sinnvoll, wenn Fischer und Jäger sich unterschiedlicher ethischer Begriffe und Maßstäbe bedienen. Es ist daher notwendig, den Begriff der Fischgerechtigkeit, der kein historisch gewachsener, sondern ein von Menzebach kreierter Begriff ist, aufzulösen und in die Ursprungskategorie der Weidgerechtigkeit zurückzuführen.

Die vorliegende Neuauflage war daher nicht nur grundsätzlich zu revidieren. Sie war weiträumig zu ergänzen und umzubauen. Dass das mit größtmöglichem Respekt vor Menzebach erfolgte, gebietet der Anstand. Ich habe mich deshalb bemüht, die Handschrift von Menzebach, so weit wie es möglich war, zu erhalten.

Rheinau am See, im Juli 2005
Armin Göllner

T. Stothard R.A. Aug. Fox sc

Weidgerechtigkeit gegenüber dem Fisch – unser Grundanliegen

Pioniere der Weidgerechtigkeit: Heintz , Schubart und Winter

Dieses Thema vernünftig zu titeln und zu einer kritischen Untersuchung zu führen, die alles hinterfragt, was nach unseren heutigen Ansichten Voraussetzungen für eine faire und zeitgemäße Angelfischerei ist, kommt der Lösung des gordischer Knotens gleich. Anstoß hierzu gaben bereits unsere unvergessenen Lehrmeister aus den zwanziger Jahren des letzten Jahrhunderts: KARL HEINTZ, ARTHUR SCHUBART und auch AUGUST WINTER. ARTHUR SCHUBART, Justizrat und Erfolgsautor, Mitglied des 1904 vom Münchener Arzt KARL HEINTZ gegründeten traditionsgebundenen Fischereivereins „Die Gesplißten“ in München, gab mit seiner Eloquenz und Sachkunde der Diskussion an manchem Clubabend durch seine anspruchsvollen Thesen über die Angelfischerei ein ganz besonderes Gepräge. Man muss wissen, dass damals sein Buch „Die Forelle und ihr Fang» (1908) neben dem revolutionierenden Werk von KARL HEINTZ „Der Angelsport im Süßwasser“ (1903) epochemachend war. Standen wir doch tatsächlich noch in den Anfängen der Angelfischerei in Deutschland und orientierten uns an den in England schon jahrzehntelang kultivierten Begriffen, die aber nicht ganz auf unsere festländischen Verhältnisse zu übertragen waren. Manche Stellen der genannten Werke lassen erkennen, wie erbittert um den Begriff der Weidgerechtigkeit im Hinblick auf die Angelfischerei gerungen wurde. Man möchte fast sagen, dass jeder Fischer, der damals aktiv an den Auseinandersetzungen beteiligt war, ganz intensiv an der Klärung der Fronten teilnahm, die sich für und gegen eine geläuterte und etwas anspruchsvollere Angelfischerei bildeten. Das war schon etwas, das damalige Gemüter stark bewegte und nicht selten veranlaßte, nach einem solchen Diskussionsabend noch stundenlang auf den stillen Straßen Münchens und anderswo lebhaft und oft nicht ganz geräuschlos zu disputieren.

Die Auseinandersetzung um die Sache ging im damaligen Rahmen sehr wohl in die Tiefe. Man möchte fast sagen, sie ging mehr in die Tiefe als heute. Das ist nur zu verständlich, denn damals waren die Angelfischer eine relativ kleine Gilde, deren gleiche Gesinnung sich schon aus diesem Umstand ganz natürlich formte. Bei der Breite, die die Angelfischerei heute eingenommen hat, angeheizt durch eine unersättliche Kommerzialisierung, muss sich notgedrungen die Erziehungs- und Formungsarbeit allzu sehr in der Organisation der Vielzahl der Petrijünger erschöpfen. Es darf schon als Gewinn angesehen werden, wenn im heutigen Stadium des Andrangs zu den Fischrevieren und zu den überfüllten Fischereivereinen die Inhalte der Weidgerechtigkeit einigermaßen lebendig geblieben sind und die Thesen der Angelfischer aus der alten Schule meist willige Aufnahme finden, wenn sie sich in der Praxis auch noch nicht genügend auswirken. Wir dürfen die Tatsache nicht verdrängen, dass wir Angelfischer längst noch nicht so straff und einheitlich ausgerichtet sind, wie es aus historisch erklärbaren Gründen etwa bei den Jägern schon seit vielen Jahrhunderten der Fall ist. Wer lange Jahre Angelfischer ist und auch Verbindung mit den Jägern hat, vielleicht sogar Jagd und Fischerei mit gleicher Passion betreibt, der wünscht sich klare, festumrissene Werte und Regeln, nach denen er sich in seinem Tun und Lassen am Wasser richten kann.

Solche Werte und Regeln lassen sich nicht mit drei Worten erklären. Es würde eine gar zu oberflächliche Untersuchung werden. Weite Fischerkreise haben heute recht positive Auffassungen von einer einwandfreien Angelfischerei. Die Ansichten sind aber zum Teil noch unklar, ungeordnet und regional voneinander abweichend. Man muss deshalb schon etwas weiter ausholen, um die Stellung des Angelfischers zum Fisch in vernünftige und allgemeingültige Regeln fassen zu können.

Ist Angelfischerei Sport?

Zuvor jedoch gehören hierher einige Bemerkungen zum Wort „Sport», das bei uns Fischern in vielen Verbindungen vorkommt. Wir sind *Sport*fischer und huldigen dem Angel*sport*, wir fischen *sport*lich oder verhalten uns un*sport*lich. Es ist doch unverkennbar, dass unser Tun nicht verwandt mit dem Sport im üblichen Sinne ist, der die körperliche oder geistige Übung und Ertüchtigung, den Wettkampf und endlich die Höchstleistung zum Zweck oder Ziel hat. Sport strebt nach den Kategorien Höher, Schneller, Weiter. Unvorstellbar, diese auf die Angelfischerei zu übertragen. Der Jäger würde sich beleidigt fühlen, wenn er zum *Sport*jäger ernannt oder sein Weidwerk zum Jagd*sport* degradiert würde. Ebenso wäre es wohltuend, wenn wir *Sport*fischer wieder zu ganz natürlichen Fischern und der Angel*sport* zur schlichten Fischerei würde. Begriffe wie *Sport*fischerei oder Angel*sport* sind in all ihren Spielarten allenfalls brauchbar, um unsere Passion vom gewerblichen Fischfang abzugrenzen. Es bleibt aber zu befürchten, dass die in Jahrzehnten gebildeten Bezeichnungen und Begriffe sich heute wohl kaum mehr ändern lassen, und dass es selbst bei größter Energie kaum mehr gelingt, die Begriffe Angel*sport* und *Sport*fischer durch andere Worte zu ersetzen. Wir müssen uns damit abfinden, dass wir nicht ganz richtig etikettiert sind. Es liegt an uns, dass wir den nun einmal bestehenden und geläufig gewordenen Bezeichnungen den Inhalt geben, den wir wünschen und für den wir uns begeistern. Dennoch müssen wir diese falschen Begriffe nicht fördern, weil das Wort *Sport* in Kombination mit unserer Passion uns angreifbar macht, nicht nur von Seiten grüner Fundamentalisten!

Ein echter Sport ist dagegen das Turnierwerfen. Hier herrschen strenge Wettkampfregeln, und es werden Höchstleistungen angestrebt. Körperliche Hochform in Verbindung mit der Fähigkeit, die Situation blitzschnell günstig zu erfassen, führen hier wie in den meisten Sportarten zur Spitzenleistung. Dabei braucht der Turnierwerfer kein Angelfischer zu sein, um dennoch Angelrute, Rolle und Schnur zu beherrschen. Im angelsächsischen Raum gibt es sogar Wurfsportvereine, deren Mitglieder noch nie einen Fisch gefangen haben. Und es gibt überall in der Welt Schützenvereine, deren Mitglieder gar nicht daran denken, ihre Schießkunst in den Dienst des Weidwerks zu stellen. Also hat auch das Turnierwerfen als tatsächlicher Sport seine unbestreitbare Existenzberechtigung. Dieser Sport verwirklicht sogar in hohem Maße seinen ursprünglichen Sinn. Das Wort „Sport“ wird sowohl vom französischen „se desporter“ hergeleitet, das mit „sich entspannen“ oder „sich freimachen von etwas“ übersetzt werden kann, als auch vom englischen Begriff „sports of the fields“, einem britischen Landvergnügen. Diese Betätigungen förderten die Geisteshaltung junger Franzosen und Engländer, sie dienten dem Vergnügen, nicht dem geschäftlichen Gewinn. Reiten, Wandern, Jagen und Fischen gehörten hierzu. Wohl auch eine plausible Erklärung, warum die Angelfischerei in Frankreich und insbesondere England eine so hohe gesellschaftliche Anerkennung genießt.

Aus dem Blickwinkel der Angelfischerei kann das Turnierwerfen nur begrüßt werden, denn es vermittelt ein Höchstmaß an Beherrschung des Geräts. Es fördert Fähigkeiten, die auch von der zu fordernden Weidgerechtigkeit vorgeschrieben werden, wie wir später noch sehen werden. Es ist deshalb eine gewisse Rückständigkeit mancher Angelfischer, den Wurfsport in Bausch und Bogen abzulehnen. Sie tun das vielleicht unbewusst im Gefühl und Erkennen ihrer wurftechnischen Unzulänglichkeiten. Und es ist andererseits sicher kein Zufall, dass namhafte Rekordinhaber im internationalen Turniersport gleichzeitig hervorragende Angelfischer sind und waren, wie der legendäre MAX PIPER. Diese wenigen Worte zum Begriff „Sport“ im Zusammenhang mit unserer Angelfischerei mögen genügen. Das Thema ist ohnedies im Schrifttum reichlich umfangreich behandelt. Und es wird weiterhin darüber geschrieben werden. Das liegt nun einmal in der Problematik der Überschneidung der Begriffe Fischen und Sport.

Weidgerechtigkeit und Humanität

Hier aber haben wir es mit der Weidgerechtigkeit zu tun, die nun wirklich nichts mit Sport zu tun hat. Auf einer viel höheren Ebene soll sie unser Verhältnis und unser Verhalten zur Kreatur überhaupt und insbesondere zur Kreatur unserer Passion, dem Fisch, regeln. Um es gleich vorweg zu nehmen: Sie soll im Sinne einer richtig verstandenen Humanität die niedriger organisierte Fischwelt vor dem geistig und körperlich viel höher organisierten Menschen schützen. Von der Entwicklungsstufe des Fisches trennen ihn nicht weniger als 300 Millionen Jahre! Denn im Erdzeitalter des Devon, als der Fisch sich sozusagen anschickte „an Land zu gehen“, um so der Vorfahre der Landwirbeltiere und somit auch der Menschen zu werden, war er in anatomischer und biologischer Hinsicht unserm heutigen Fisch bereits durchaus ähnlich.

Wie unendlich weit entfernt ist also der Mensch am Ende dieser Evolution vom kiemenatmenden und flossentragenden Wasserbewohner! Stellen wir uns in diesem Sinne an die Spitze der Schöpfung, und das können gerade wir naturverbundenen Angelfischer nun wirklich ohne Unbescheidenheit tun, so wird uns sogleich die Verantwortung klar, die wir damit übernehmen. Diese soll uns zur Pflicht und darüber hinaus zur Freude werden. Dann haben wir den Sinn der Humanität in unserm besonderen Fall richtig verstanden.

Die humane Weidgerechtigkeit ist ein Produkt menschlicher Kultur. Der primitive Mensch kennt sie nicht, wie ihm überhaupt ein Mitgefühl oder Mitleid mit den Tieren und Pflanzen und der Umwelt fremd ist. Ist grobes Verhalten eines Kindes gegenüber Tier und Pflanze nicht das gleiche? Wir sind oft darüber erschüttert, wie unsere Kleinen den Wurm und den Käfer, den kleinen Fisch und den Frosch, den Vogel und sogar das kleine Säugetier behandeln. Humane Einsichten und Verpflichtungen sind also erst eine Folge geistiger und kultureller Höherentwicklung und menschlicher Reifung. Das wird deutlicher, wenn wir die künstlerischen Leistungen unserer Vorfahren in der Altsteinzeit, vor etwa 15 bis 20 Tausend Jahren, betrachten, die uns in der Malerei oder der Schnitz- und Bildhauerkunst in den südfranzösischen und spanischen Höhlen oder in den Felsbildern der Sahara entgegentreten. Hier kann man trotz der niederen Kulturstufe damaliger Maler und Schnitzer schon von wirklicher Kunst sprechen, die zwar meist als Fruchtbarkeitszauber einem sehr realen Zweck entsprach, aber doch schon Ausdruck eines Schönheits- und Gestaltungsbedürfnisses ist. Diese stehen am Anfang des steilen Wegs der Entwicklung der Geisteskultur, als deren Spitze wir heute u. a. die Humanität verstehen. Also ist diese eine wahrhaft menschliche Geistes- und Seelenhaltung, die himmelhoch über dem Form- und Schmuckbedürfnis des Tieres und des primitiven Menschen steht. Ist in der noch wenig entwickelten Seele des primitiven Menschen und in seinem ungefügen Verstand die Angst vor Dämonen in der Natur dominierend, die ihm seinen Lebensunterhalt geben oder verweigern können, so sollten alle Handlungen des hochentwickelten Menschen von heute vom Gewissen beherrscht sein. Das Gewissen oder das Bewusstsein der moralischen Verpflichtung bestimmt sein Verhalten zum Tier. Und dieses muss wahrhaft menschlich, also „human" sein.

Der naturverbundene Mensch weiß nun allzu gut, dass in der ganzen Schöpfung - gelinde gesagt - recht rüde Sitten herrschen. Außerhalb des menschlichen Bereiches ist das rücksichtslose Fressen und Gefressenwerden durchaus die Regel. Überall herrscht der „Energiekrieg". Daher leiten noch heute manche Naturkenner und Naturliebhaber ihren Widerstand ab gegen ein humanes Verhalten gegenüber der übrigen Schöpfung. Sie gehen soweit, diese Einstellung für unnatürlich oder gar für Überfeinerung und Degeneration zu erklären. Sie verkennen dabei, dass für den Menschen andere Gesetze gelten, weil er sich aus der starren Gebundenheit oder gar aus der Verstrickung in den Fesseln der nicht vernunftbegabten Natur herausgelöst, sich darüber erhoben hat und vielleicht schon im Begriff ist, sie zu überwinden und zu beherrschen. Für den Menschen ist Höherentwicklung, was bei oberflächlicher Betrachtung Überfeinerung und Degeneration genannt werden könnte. Er hat mit der Fähigkeit zum Denken und bewussten Handeln ein allgemein gültiges Naturgesetz durchbrochen. Es liegt in seiner Hand, dass dieser Durchbruch zu einer höheren Warte der Natur nicht zum Fluch, sondern zum Segen wird!

Man könnte nun einwenden, dass es gar nicht das Ideal hoher Moral der heutigen Menschheit ist, das unser humanes, weidgerechtes Verhalten gegenüber dem Fisch bestimmt, sondern die rein verstandesmäßige Einsicht, dass die durch Zivilisationsschäden immer mehr geschädigten Lebensräume der Fischwelt - und damit die Fische selbst - größter Schonung bedürfen, wenn wir uns weiterhin ihrer erfreuen wollen. Dieser Einwand liegt sehr nahe, denn zeitlich fällt die zunehmende Weidgerechtigkeit gegenüber dem Fisch mit der Abnahme der Ergiebigkeit der Fischgründe durchaus zusammen. Es ist deshalb schwer, diesem Einwand mit zwingender Logik zu begegnen. Es ist hier wie in so vielen Dingen unseres Lebens, dass Ursache und Wirkung durchaus gegenläufig sein können. Gäbe es aber kein menschliches Gewissen und keine Verantwortung vor der Schöpfung, so würde der Fischer dem Niedergang der Fischwelt zwar mit Bedauern, letztendlich aber mit Resignation zuschauen. Aber er begegnete bereits den ersten unheilvollen Einbrüchen der Zivilisation in sein Fischreich mit scharfen Protesten. Nicht etwa, weil er immer weniger fing, sondern weil er sich „seines Viehes erbarmte", weil das Schicksal des betroffenen Fisches sein moralisches Gewissen berührte. Das ist noch glaubhafter, wenn man die um die gleiche Zeit aufgekommene allgemeine Tierschutzbewegung betrachtet.

Die auf biologischen Erkenntnissen beruhende Aufklärung und Erziehung der jetzt heranwachsenden Generation führt zu einem richtig verstandenen Tierschutz, wenn gleichzeitig das Verantwortungsbewusstsein des jungen Menschen dabei geweckt und gestärkt wird. Tier- und Artenschutz wurden und werden auch heute noch vielerorts vom Schutz der Lebensräume abgekoppelt. Entsprechendes gilt für den Pflanzenschutz. Solche Sichtweisen verfehlen ihr Ziel, weil der Grundsatz verkannt wird: Biotopschutz geht vor Artenschutz! Wer das verkennt, spielt pseudoökologischen Träumern in die Hände. Es gehört mit zu den schönsten Errungenschaften unserer Zeit, dass das angestrebte - aber längst noch nicht erreichte - Ideal des Verhaltens zum Tier den hohen humanistischen Anforderungen Albert Schweitzers entspricht.

Wir dürfen demnach in der Weidgerechtigkeit das Wirken einer moralischen Verpflichtung sehen, die uns von unserem Gewissen diktiert wird. Von diesem aber wird kontrolliert, ob alle Regungen unseres Denkens und Handelns den Regeln entsprechen, die uns von Einsicht und Moral auferlegt werden. Und diese Regeln sollen doch in unserem Falle das Tier vor den unmenschlichen, dem Menschen nicht anstehenden Eigenschaften der Grausamkeit, der gedankenlosen Bequemlichkeit, der Fanggier und – alles in allem – der Maßlosigkeit schützen.

Verstöße gegen die Weidgerechtigkeit

Die Natur scheint grausam, die Kultur überlegen!

Die Natur erscheint aus menschlicher Betrachtung grausam, sie kennt kein Verständnis und kein Mitleid. Rücksichtslos verdrängt der Stärkere den Schwachen, und der Große frißt den Kleinen. Dieses ist ein Naturgesetz, der schon erwähnte Energiekrieg. Was wir als „Grausamkeit" der Natur beklagten, hat einen tiefen Sinn, denn diese „Grausamkeit" ist gerecht und ordnete seit Jahrmillionen die Evolution. Erst der Mensch störte Gleichgewicht und Ausgewogenheit des Ganzen, besonders seit dem Beginn des Zeitalters der Industriealisierung. Der Mensch ist der ganz Große und könnte jedem anderen Lebewesen seinen Willen aufzwingen. Und es ist noch gar nicht allzu lange her, dass der Mensch von seiner Überlegenheit hemmungslos Gebrauch machte. So wurden die friedlichen Büffelherden Nordamerikas ausgerottet, die großen und kleinen Robben bis an die Genze der Arterhaltung gejagt und noch viele andere Tiere bis zum Aussterben verfolgt. Selbst heute noch werden kleine Singvögel aus Genuß- und Gewinnsucht zu Zehntausenden getötet und die Riesensäugetiere des Meeres, die Wale, rücksichtslos gejagt. Die Grausamkeit gegen das einzelne Tier hat zweifellos in kulturell höher entwickelten Staaten einer menschlicheren Behandlung Platz gemacht. Dennoch stehen Affen, Hunde und Katzen selbst in sich modern anschickenden Regionen Asiens weiterhin auf den Speisekarten. Man wird das nicht ändern können, man darf und muss es aber beklagen. Zu beklagen aber nicht wirklich zu ändern sind grausame Behandlungen von Tieren aller Art in primitiven Zivilisationen. Es werden Tiere mißhandelt und zu Tode gepeinigt, je nach dem Stand der Kulturstufe der daran beteiligten Menschen.

Diese direkte Grausamkeit des Menschen gegenüber der Kreatur ist unverzeilich und des Menschen unwürdig! Die indirekte Grausamkeit, die die Ausbreitung der Zivilisation ganz zwangsläufig mit sich bringt, kann dagegen nicht ganz vermieden werden. Sie könnte aber wesentlich gemildert werden, wenn neben den technischen und wirtschaftlichen Überlegungen der Organisatoren und Ingenieure auch eine menschliche Behutsamkeit den Lebensräumen der Tiere und den Tieren selbst gegenüber zum Zuge käme. Wir wollen aber nicht übersehen, dass dieses auch politisch gewollt sein muss. An diesem politischen Willen mangelt es aber vorn und hinten, Halbherzigkeit dominiert. Wir brauchen heute, wo die Regulierung der Gewässer in weiten Landesteilen zur Wassernot und die Abwässer zur Gefährdung allen Lebens und der Gesundheit führen, in unserem Kampf mehr denn je starke Helfer. Stets wird unser Platz als Angelfischer dort sein, wo man für vernünftigen Biotop- und Gewässerschutz eintritt. Aber es liegt nun einmal in der Tendenz des Zivilisationsfortschritts, dass dabei die Natur zerstört oder beeinträchtigt wird. Trotz verzweifelter Anstrengungen werden wir das nur in Grenzen ändern und mildern können. Diese Erkenntnis darf uns nicht resignieren lassen, sondern sie muss uns anspornen, um das Erreichbare erbittert zu kämpfen. Fast immer geht es darum, unsere Wasserwelt zu schützen und unseren Standpunkt der Humanität gegenüber allen Wasserbewohnern durchzusetzen. Illusionen werden dabei täglich zerstört, Enttäuschungen und Niederlagen obsiegen. Wenn es uns gelingen sollte, die Geschwindigkeit der weiteren menschlichen Zerstörung auch nur etwas zu mindern, ist das kein Sieg – vielleicht ein kleiner Trost.

In der kleinen Welt an unserem Fischwasser können wir viel leichter unsere persönliche Einstellung zum einzelnen Fisch human und damit weidgerecht gestalten. Wir können ihm das Leben in seiner Umwelt erleichtern und ihm Stress ersparen oder doch wenigstens vermindern.

Verantwortung gegenüber dem Fisch

So gehört etwa die früher viel verwendete grausame Legeangel, die stundenlang, meist wohl mindestens eine Nacht hindurch, den im Schlund gehakten Fisch festhielt, für den Angelfischer der Vergangenheit an. Unermüdliche und verzweifelte Befreiungsversuche zehrten die Kräfte des Fisches auf, so dass er zuletzt oft fast leblos und nicht selten mit krampfhaft gesperrtem Rachen am peinigenden Haken hing. Stellnetz, Reuse und Schocker berauben ihn zwar auch seiner Freiheit, aber sie sind gegenüber der Legangel weidgerechter, weil sie dem Fisch die würgende Fesselung ersparen. Dennoch wird die Legeangel in Form von Langleinen, sei es für die gewerbliche Aalfischerei im Süßwasser oder für die Fischerei im Meer Bestand behalten. Der Angelfischer greift heute sicher nur noch selten zur Legeangel – nicht zuletzt, weil sie ihm vielerorts gesetzlich verboten ist. Wenn er aber vor der zwingenden Notwendigkeit steht, sein Wasser von räuberischen Quappen, sonst nicht zu überlistenden Hechten oder dem Nachwuchs zu sehr nachstellenden Döbeln und Barben freizuhalten, wird er immer zunächst versuchen, mit viel List und raffinierten Angelködern diesen Schadfischen nachzustellen. Dabei wird er manche gute Fangstunde am frühesten Morgen und in der Abenddämmerung dieser notwendigen Hegemaßnahme opfern müssen. Auch das richtige Auslegen von Reusen erfordert viel Mühe und Zeit; ganz abgesehen davon, dass diese oft genug auch noch gegenüber Fischdieben gesichert und bewacht werden müssen. Aber trotz alledem sollte nur in äußersten Notfällen zur Legeangel gegriffen werden. Diese sollte wirklich nur als ultima ratio, als letztes Mittel, wenn alle anderen gegenüber gefährlichen Schadfischen versagen, angewendet werden. Verabscheut doch auch der weidgerechte Jäger, den räuberischen Fuchs mit Gift und Schlageisen zu erlegen, wenn auch nur eine noch so geringe Aussicht besteht, ihn auf mühseliger Winterpirsch vor die humanere Flinte zu bekommen.

Von den schwerwiegenden Problemen, die bei Massenfängen für Binnen- und Hochseefischer bestehen, soll hier nicht die Rede sein. Diese unter dem Ansturm von Wind und Wellen hart arbeitenden Fischer tun das Menschenmögliche. Wir Angelfischer sind in wesentlich günstigerer Lage. Wir haben es nur mit dem einzelnen Fisch zu tun. Und was uns unterscheidet: Wir müssen von unserem Fang nicht leben!

Es ist doch so: Wir fischen auf einen bestimmten Fisch oder doch wenigstens auf eine bestimmte Fischart. Und wir können so unseren Köder und unser Gerät ganz auf diesen bestimmten Zweck abstellen. Wir können die Schnur und das Vorfach so stark wählen, wie es die Größe des erwarteten Fisches, und so schwach, wie es die Sichtigkeit des Wassers und die Eigenarten des Fisches verlangen. Unter allen Umständen und in jedem Falle die Schnur extrem dünn zu halten, gehört mit zu den häufigsten Verstößen gegen die Weidgerechtigkeit heutiger Zeit. Es ist die falsch verstandene Devise, dass „dem Fisch eine Chance gegeben werden muss", die oft zur Verwendung zu schwachen Geräts verführt. Es ist zwar eine außerordentliche Genugtuung, wenn es gelingt, mit leichtester Schnur und kleinstem Haken einen kapitalen Fisch zu landen. Aber das sollte eine unbeabsichtigte Ausnahme sein.

Es ist durchaus nicht weidgerecht, mit möglichst leichtem Gerät einen möglichst großen Fisch zu fangen. Vielmehr sollte das Angelgerät nicht stärker als nötig, unter keinen Umständen aber schwächer als nötig gewählt werden. Das mögen einige Beispiele erläutern. Fischt man im freien Wasser, etwa in einem See vom Boot aus am Barschberge auf die Barsche bis 200 Gramm, dann kann eine Schnur von 0,15 mm Durchmesser durchaus in Ordnung sein. Als unverantwortlich muss es aber bezeichnet werden, wenn man glaubt, mit der gleichen oder nur wenig stärkeren Schnur auf schwere Karpfen fischen zu müssen. Der so erbeutete Großkarpfen mitsamt dem Konterfei des mehr als glücklichen Bezwingers erscheint dann in der Angelzeitung, während die vielen durchaus nicht glücklicheren, aber routinierteren Karpfen naturgemäß dieses leichte Gerät mühelos abreißen konnten. Mehr oder minder verletzt irren sie mit einem Haken im Rachen verstört umher. Günstigenfalls können sie den Haken ausstoßen oder doch verkapseln, in den meisten Fällen aber verenden sie erst nach Tagen oder Wochen unbemerkt und sind jenen Großfische zuzuschreiben, deren Überreste nie gefunden werden. Im Wasser sorgen die Millionen Aasfresser vielfach schneller für vollständige Auflösung und Vertilgung als es bei den Landtieren möglich ist. Dasselbe Los trifft den großen Hecht, der die 20er oder 25er Schnur abreißen konnte, und der mit besten Aussichten hätte gefangen werden können, wenn die Schnur die beim Hechtfischen übliche Normalstärke von mindestens 0,35 mm gehabt hätte. - Und so muss den erfahrenen Angelfischer auch jedes Mal ein gelindes Grausen erfassen, wenn ihm erzählt wird, wie elegant etwa ein zweistelliger Huchen an 30er Schnur „glatt gelandet» wurde. Selbstverständlich kommt es immer wieder vor, dass der kleine Spinner, der den Döbel, den Rapfen oder die Forelle betören soll, von einem Großfisch genommen wird. Es ist dann immer ein hochbefriedigendes Erlebnis, wenn es gelingt, trotz des feinen Geräts einen starken Fisch zu landen. Aber es muss wiederholt betont werden, dass es ein grundsätzlicher Unterschied ist, ob man versehentlich und ungewollt einen solchen Fisch an das leichte Gerät bekommt, oder ob man bewusst und absichtlich das Gerät so leicht wählt, um einen recht aufregenden Drill zu erleben. Freilich hat dann der Fisch „auch eine Chance», aber nicht selten die Chance, die erkämpfte Freiheit mit elendem Verludern zu bezahlen.

Gerade in solchen Wassern, in denen immer einmal mit einem größeren Fisch gerechnet werden muss, sollten Schnur und Haken nur so dünn bzw. so leicht gewählt werden, wie es gerade noch verantwortet werden kann. Verantwortungslos aber ist dann das extrem leichte Gerät, das nur ein unverständiger Anfänger oder ein rekordsüchtiger Snob zur reinen Angeberei verwendet. Im Grundsatz - wenn auch nicht in der Wirkung - liegt derselbe Verstoß gegen die Weidgerechtigkeit in der Fliegenfischerei mit zu schwachem Vorfach. Hier ist die Wirkung nur deshalb nicht ganz so schlimm, weil in der Regel der Vorfachstärke gerade bei der Flugangel die Hakengröße entsprechen muss. Eine kleine, künstliche Fliege – die erfreulicherweise zunehmend widerhakenlos gefischt wird – wird vom Fischmaul kaum als Fremdkörper empfunden, wenn sie nicht gerade in der Zunge oder im Rachen sitzt. Meist hakt die Fliege im Kieferbereich oder im Maulwinkel, wo sie problemlos zu entfernen ist. Ganz schlimm aber ist es auch hier, wenn unkundige Hände etwa eine große Maifliege an ein feinstes Vorfach knüpften. Gerade die Maifliege wird oft gierig genommen und kann - vom zu schwachen Vorfach abgerissen - Maul und Rachen geradezu blockieren, wenn sie unglücklich sitzt. Für solchen Unverstand gibt es keine Entschuldigung. Für den Jäger jedenfalls ist es undenkbar, wenn, was vergleichbar ist, mit der Schrotflinte auf den Rehbock geschossen würde. Solche Aasjägerei würde den Jagdschein kosten! Es ließen sich noch weitere negative Beispiele anfügen. Wenn die Katastrophe, die dem Schnurriss folgt, dem verantwortungslosen Angelfischer offenbar würde, dann wäre dieses Thema wohl längst aus der Welt verschwunden. Aber sie spielt sich unsichtbar und unhörbar unter dem Wasserspiegel ab, der die stillen Tragödien des Wasserlebens den Augen und Ohren des Landbewohners entzieht. Zugegeben: Die heute oft stark überfischten Wasser erfordern feine, fast unsichtbare Schnüre und große Wurfweiten. Die Industrie produziert entsprechend leichte Ruten, völlig hemmungs- und trägheitsfrei schnurabgebende Rollen und Hochleistungsschnüre mit enormen Reißfestigkeiten bei geringstem Durchmesser. In dieser Tendenz zum immer leichteren und perfekteren Angelgerät liegen aber auch die Verführung und die Gefahr, dass nur die Wurfweite, nur die Unsichtbarkeit der feinen Schnur und nur die Unauffälligkeit des kleinen Hakens dominieren und dass dabei zu wenig bedacht wird, dass dieses Gerät ein lebendes und sich tapfer wehrendes Wesen von Fleisch und Blut möglichst schnell und schmerzlos aus dem Wasser auf das Land befördern soll.

Vom Augenblick des Anhiebs bis zur Landung kämpft der Fisch verzweifelt um seine Freiheit und sein Leben. Kann man es weidgerecht nennen, wenn man durch die Wahl einer superleichten Schnur diesen Verzweiflungskampf bewusst verlängert bis zur todesähnlichen Erschöpfung? Freilich, die Sinne und die Nerven des Fischers erleben dabei ihre Sensation. Wer das allein anstrebt, soll sich eine Passion suchen, die ihm diese Spannung ermöglicht, ohne dass ein lebendes Wesen im Spiel ist. Mag er mit dem Fallschirm oder von einer Brücke am Gummiseil in die Tiefe springen. Wer aber trotz dieser Überlegungen einen möglichst langen Drill für durchaus weidgerecht hält, der soll sich einmal klarmachen, wie unglücklich ein Jäger ist, dessen weidwund geschossenes Wild flüchtig wurde und der alles Menschenmögliche unternimmt, dem Tiere den verzweifelten Todeskampf zu verkürzen. Zwar handelt es sich dabei um ein Säugetier, ein Wesen, dessen Empfindungsvermögen und Gefühlsleben uns insbesondere im Haus- und Arbeitstier mannigfach offenbar geworden ist, und das wir deshalb besser zu verstehen glauben. Der Fisch gehört dem Urelement Wasser an und steht uns weiter ferner als etwa das Wild des Waldes. Dennoch aber gibt es keinen zwingenden Grund und keinerlei Recht, den Fisch schlechter zu behandeln.

Es liegt nur zu nahe, dass zu den fraglichen Angeltechniken einmal mehr das Fischen mit zu kleinen Haken oder Drillingen gerechnet werden muss. Es ist technisch einleuchtend und wird durch die Erfahrung bestätigt, dass der große Haken, zumal beim Fischen mit Wurm oder totem Fischchen meist im Ober- oder Unterkiefer sitzt. Der kleine Haken aber, der ja auch immer entsprechend kleine Köder bedingt, wird mitsamt dem Köder in den Rachen eingeschlürft. Sind dann für den großen Fisch Vorfach und Schnur fest genug, besteht keine Reißgefahr, und Angelfischer und Fisch haben Glück gehabt. Wie oft aber wird so ein kleiner Köder, etwa ein Wurm, an Haken der Größen 9–11 oder ein kleiner Köderfisch an Drillingen der Größen 13–15 von untermassigen Forellen bis tief in den Schlund geschluckt. Dann wird, da ja das Mindestmaß unterschritten ist, mit Hakenlöser oder Löseschere am zappelnden Fische herumoperiert, bis Blut fließt und der Druck der haltenden Hand Schleimhaut und Eingeweide verletzen. Der so malträtierte und zurückversetzte Kleinfisch ist dem Tode geweiht, er hat selten Aussicht, noch einmal davonzukommen. - Dasselbe gilt für den untermaßigen Hecht, dem der zu kleine Drilling des Köderfisches oder des Blinkers nur unter starken Verletzungen herausoperiert werden konnte. Alle diese unweidgerechten Schindereien sind in der Regel vermeidbar, wenn die Haken nicht kleiner als unbedingt nötig gewählt werden. Wenn aber bei den kleinmäuligen Fischen, wie etwa bei den Äschen und den Nasen, kleine und kleinste Haken an dann zwangsläufig dünnsten Schnüren unvermeidlich sind, dann kann bei größeren Exemplaren ein Schnur- oder Vorfachbruch nur vermieden werden, wenn die Rute eine entsprechend weiche Aktion und dünne Spitze hat. Wenn weiter unten die Forderungen behandelt werden, die durch die Weidgerechtigkeit an die Geräte gestellt werden, wird klar werden, dass die richtige Harmonie zwischen Haken, Schnur und Rute nicht nur vom Erfolg, sondern ebenso auch von der Weidgerechtigkeit beim Fischen vorgeschrieben wird.

Verantwortung gegenüber dem lebenden Köder

Erziehung und Aufklärung überwinden nur langsam Rohheit und Verständnislosigkeit gegenüber allen Formen des Lebens. Appelle an den guten Willen fruchten selten, zu tief wurzeln alte Gewohnheiten. Was nicht knallhart verboten und unter Strafe gestellt wird, bleibt unbeachtet. So ist der Mensch, so sind wir. Wenn es auch gelingen mag, die Einstellung des Angelfischers zu seiner Beute weiter zu humanisieren, ist das ein großer Fortschritt. Aber reicht das aus, oder muss die Frage stehen, ob nicht auch der lebende Angelköder, angefangen von der Made über das fertige Insekt, den Regenwurm, den Frosch und andere bis hin zum lebenden Köderfisch, Kreaturen sind, die Schutz und

Achtung verdienen? Auch diese zum Teil recht niederen und primitiven Lebewesen in den Kreis der Lebewesen einzubeziehen, denen wir als Menschen gerecht werden und die wir schonen oder gar schützen wollen, ist ein heißes Eisen. Gerade der vom Haken aufgespießte, recht lebhafte Wurm und das mehr oder weniger am Haken um seine Freiheit zappelnde Fischchen, das den misstrauischen Hecht oder Zander betören soll, beide gehören auch heute noch so sehr zur Auswahl der beliebtesten, fängigsten und geradezu unentbehrlichsten Angelköder, dass diese Zeilen bei vielen Anglern auf blankes Erstaunen stoßen werden. Diese Köder sind uns allen, seit wir die Fischweid ausüben, bestens bekannt, und wir vertrauen auf ihre Fängigkeit. Aber Hand aufs Herz! Wenn wir nicht gerade abgebrühte Kaltblütler und unbelehrbare Topf- und Küchenfischer sind, ist uns da nicht ab und zu beim Aufspießen eines sich krümmenden Wurmes oder beim Anködern eines lebenden Fischchens der Gedanke gekommen, dass wir da mehr oder weniger bewusst ein Leben vernichten, ohne dass uns Not oder Zwang dazu veranlassten?

Hat uns nicht oft genug die Qual des unter Wasser zappelnden Wurmes und des Fischchens nachdenklich gestimmt, das wir so raffiniert anködern, dass die ängstlichen Befreiungsversuche nur recht lebhaft und langdauernd sind, um den Fisch zum Anbiss zu verführen? Zweifellos wittert das Fischchen den nahen Hecht oder Zander, wie die bei Naturvölkern als Lockköder angepflockte Ziege den anschleichenden Löwen oder den Panther spürt, dem sie bis zum letzten Augenblicke verzweifelt zu entkommen sucht. Die von uns bewusst herbeigeführten Tragödien unter Wasser sind nicht gerade erhebende Begleiterscheinungen unserer Passion. Es ist viel darüber geschrieben worden, dass die Schmerzempfindlichkeit niederer Lebewesen stark überschätzt wird und dass sie gar nicht fähig sind, ihre Lage zu erfassen. Aber wo soll man die Grenze ziehen? Die Wissenschaft hat bewiesen, dass Fische kein Schmerzempfinden besitzen. Thematisiert bleibt die Frage, ob das denn stimmt, und so reiben sich die Fronten auch weiterhin. Angeheizt von selbsternannten Naturschützern, denen Fachkompetenz und biologisches Basiswissen fehlen, hört die breite nicht angelnde Masse ihnen trotzdem zu. Und was viel schlimmer ist: Man glaubt ihnen. Dem lebenden Angelköder, ja selbst dem Regenwurm, trotzdem als Lebewesen zu begegnen, ist keine Frage seiner Schmerzempfindbarkeit, sondern eine Frage des Stils des Anglers! Sind wir da nicht geradezu gezwungen, lebende Würmer, Maden, Insekten und Fischchen durch tote, natürliche oder durch künstliche Köder zu ersetzen, bei denen wir nicht in die Notlage versetzt werden, ein Leben - ein wenn auch noch so primitives Leben – zu quälen? – Man wäre allerdings ein unverbesserlicher Utopist, wenn man erwarten wollte, dass diese lebenden Fischköder von heute auf morgen oder sogar im Laufe einer Generation von der Liste unserer Fangmittel verschwinden würden. Die Verwendung des lebenden Köderfisches ist in Deutschland seit Jahren verboten, aber wie wollen wir das bis in dem letzten Angeltümpel durchsetzen? Seit Jahrtausenden sind sie uns vertraut und haben nie versagt. Sie durch pflanzliche Köder oder getötete Lebewesen zu ersetzen, ist heute leider noch immer ein Fernziel. Dass in ihrem Bestand gefährdete oder gar geschützte Tiere auf keinen Fall als Angelköder dienen dürfen, ist eine Selbstverständlichkeit! Dennoch muss auch an dieses Thema immer wieder mit Nachdruck erinnert werden. ALBERT SCHWEITZERS Motto „Ehrfurcht vor dem Leben!“ gilt auch für den Regenwurm.

Den Wurm kann man beim Fang von Döbel, Quappe oder Barbe mit fast gleichem Erfolg durch ein totes Köderfischchen ersetzen. Das getötete Insekt ist meist nicht minder fängig als das lebende. Kartoffel, Mais und raffiniert zubereitete Teige können den wehrhaften Karpfen fast sicherer betören als sich qualvoll am Haken windende Würmer. Und das lebende Fischchen kann immer durch den toten Köderfisch am System oder durch einen künstlichen Spinnköder ersetzt werden. Beginnen wir erst einmal, das lebende Köderfischchen zu verpönen, so werden wir sehen, wie schnell wir eine nach Zehntausenden zählende Gefolgschaft unter den Angelfischern haben. Im Übrigen hat sich die allgemeine Ablehnung des lebenden Köderfisches in kurzer Zeit in der Anglerschaft erfolgreich Bahn gebrochen. – Lassen wir uns vom Grundsatz, den lebenden Köderfisch zu vermeiden, konsequent leiten, dann haben wir ausnahmsweise auch die Berechtigung, überalterte Hechte und Welse, die ein Fischwasser regelrecht leer fressen, mit allen anglerischen Mitteln nachzustellen. Wo erlaubt, auch mit dem lebenden Köderfisch. Das darf aber kein Freibrief sein, jeden größeren Raubfisch mit der Stellangel anzugehen.

Wer an sich den Anspruch stellt, ein weidgerechter Angelfischer zu sein, der muss alle Tricks und Register seiner Kunst ziehen, zunächst große Raubfische fair zu fangen. Erst wenn alle noch so intensiven Bemühungen erfolglos bleiben, eröffnet sich ausnahmsweise die Möglichkeit, einen Räuber mit anderen Mitteln zur Strecke zu bringen, sofern das Gesetz nicht verletzt wird. Gegen diese Forderung wird nun immer wieder der Einwand erhoben, dass verwachsene und verkrautete Hechtwasser gar kein Spinnfischen gestatten und dass außer der Stellangel hier keine andere Taktik Erfolg hat. Das ist nicht ganz zutreffend; denn auch hier kann man an Stellen, an die man ein lebendes Fischchen praktizieren kann, mit langen Angelruten natürliche tote oder künstliche Fischchen durch Heben und Senken durchaus fängig anbieten. Und man hat außerdem die Möglichkeit, mit der Schilf- und Krautsense Gassen zu schneiden, die dem wurfsicheren Spinnfischer interessante Möglichkeiten bieten, den Hecht aus seinem Hinterhalt ins freie Wasser zu locken. Der Hecht hat sehr bald heraus, dass er in einer solchen Krautgasse, die ja von den herumziehenden Friedfischen immer wieder gequert werden muss, seine Beute im Lauerangriff viel sicherer schlagen kann als im Krautgewirr. Und so verfehlt er auch den toten Köderfisch am System oder einen anderen Spinnköder nicht.

In diesem Zusammenhang muss auch einmal die These mancher namhaften Angelfischer beleuchtet werden, dass der künstliche Köder immer fairer oder weidgerechter sei als der natürliche. Es gibt heute eine große Anzahl von Angelfischern, die aus Prinzip nur den Spinner und/oder die Kunstfliege führen und sich mit der Grundfischerei als einer Betätigung auf einem niedereren Niveau nicht befassen. Hier sind nicht jene Fliegenfischer gemeint, die an den immer seltener werdenden reinen Salmonidenstrecken fischen. Hier ist das Fischen mit der Fliege der größtmögliche Hegebeitrag. - Sicher ist es eine saubere Angelegenheit, wenn man sich nicht mit dem Fangen und Töten von Larven, Insekten und Köderfischen, deren beschwerlichen Aufbewahrung und dem wenig ästhetischen Anködern, zu befassen braucht. Man ist so eine Art „Herren- oder Kavalierfischer". Dagegen ist nichts einzuwenden, wenn es sich bei dem befischten Wasser um ein Mischgewässer handelt, das gleichzeitig von anderen Anglern mit dem natürlichen Köder befischt wird, besonders mit der Grundangel. Denn in jedem noch einigermaßen unveränderten Mischgewässer herrscht ein biologisches Gleichgewicht, das recht kompliziert sein kann, das aber vereinfacht als ein natürliches Zahlenverhältnis von Raubfischen zu Friedfischen bezeichnet werden kann, die sich artenmäßig im Gewässer entsprechend verteilen.

Durch einseitiges Fischen mit der künstlichen Fliege oder dem Spinnköder fängt man nur bestimmte Fische und lässt beispielsweise deren Brutfeinde ungeschoren. Man kann also unter diesem Gesichtspunkte dem isolierten Fischen mit Kunstfliege und Spinnköder keine besondere Weidgerechtigkeit und Hegequalität bescheinigen. Eher muss man ein so einseitiges Fischen als mangelhafte Hege und Pflege bewerten, über die weiter unten noch zu sprechen sein wird. Fischen aber mehrere Angler unter gleichen Bedingungen auf bestimmte Fischarten, so ist wohl doch der Kunstfliege und dem Spinner gegenüber dem natürlichen Köder das Prädikat größerer Weidgerechtigkeit zu erteilen. Aber auch hierüber sind in einem anderen Zusammenhange einige Worte weiter unten besser am Platz.

Zur weidgerechten Behandlung des Fanges

Die Schlaglichter der bisherigen Betrachtungen möglicher Verstöße gegen die Weidgerechtigkeit als Angelfischer haben keinen Anspruch auf Vollständigkeit. Leider gibt es noch eine Unzahl anderer Möglichkeiten, gegen die guten Sitten als Angelfischer zu verstoßen. In jedem Einzelfall wird an den menschlichen Anstand appelliert. Aber auch gegenüber dem bereits gefangenen Fische kann schwer gesündigt werden. Deshalb sei kurz auch noch das Töten des Fisches besprochen.

Man erlebt immer wieder, dass nach dem Fang eines Fisches in umständlicher Prozedur erst der Haken oder der Spinnköder gelöst und entfernt und dann erst der Fisch getötet wird.

Das wird oft mit dem dummen Argument gerechtfertigt, dass der an Land beförderte Fisch ja doch schon bewusstlos sei und deshalb nichts mehr verspüre. Das stimmt nicht! Wenn nicht bestimmte Gehirnzentren außer Funktion gesetzt sind, reagieren alle höher entwickelten Lebewesen auf jede Beeinträchtigung ihres Lebens mit Freiheits- und Lebensdrang, Angst und andere Reaktionen bis zum letzten Atemzuge. Deshalb sollte man jedes Lebewesen, wenn es sein muss, so schnell und so schmerzlos wie möglich töten. Das gilt für den Schlachthof genau so wie für die Jagd und die Fischerei.

Beanstandet man gefühlsmäßig beim Schlachttier den Blutentzug ohne vorherige Betäubung, dann sollte man analog beim Fisch in jedem Fall - und zwar vor der oft langwierigen Entfernung der Haken - durch einen Schlag auf den Gehirnschädel eine Betäubung herbeiführen, die ja in vielen Fällen schon gleichbedeutend mit der Tötung ist. Es scheint, dass der so oft empfohlene Einschnitt an der Schwanzwurzel in die Hauptschlagader und der damit ausgelöste langsame Blutentzug nicht der Forderung nach schneller Tötung entsprechen. Wenn hundertmal bewiesen wird, dass das so noch lange Zeit immer weniger zuckende Tier nichts mehr spürt, verlangt schon die Ästhetik, dass auch nur der geringste Eindruck eines gequälten Organismus vermieden wird! - Ein Stein oder geeigneter Stock ist nicht immer zur Hand. Deshalb sollte der Angelfischer immer einen passenden Gegenstand bereit haben, sei es der Griff eines schweren Messers, des Gaffs oder des Keschers oder sei es ein zweckentsprechendes Schlaginstrument in Form eines handelsüblichen Fischtöters. In den wenigen Fällen, wo bei großen Fischen – man denke da auch an den größeren Hecht – der Betäubungs- und Tötungsschlag augenscheinlich nicht genügt, muss durch einen Einstich mit dem Messer in die Wirbelsäule gleich im Anschluss an das Schädeldach oder durch einen Stich von unten durch die Kiemenspalte in das Herz der Tod sicher und schnell herbeigeführt werden. Zugegeben, das ist ein regelrechtes Schlachten des Großfisches. Aber hier muss einmal die Ästhetik hinter die Barmherzigkeit zurücktreten.

Leider muss eingeräumt werden, dass sich die überwiegende Mehrheit der Angler der angedeuteten Problematik gar nicht bewusst ist. Es ist vielmehr der Mangel an Einfühlungsvermögen in das Wesen der stummen Kiemenatmer, der sie gedankenlos handeln lässt. Die gleichen Menschen würden wahrscheinlich Säugetiere, also meist Landtiere, die uns verwandtschaftlich und damit gefühlsmäßig viel näher stehen, nie so kaltblütig und roh behandeln. Für den Fisch aber bedeutet es das Gleiche, ob er bewusst oder unbewusst und gedankenlos gequält wird. Mit der Trägheit des Denkens aber ist auch die allzu menschliche Bequemlichkeit gepaart, der so manche folgenschwere Unterlassung gegenüber dem Fisch zur Last zu legen ist. – Sehen wir einmal vom zu späten und unsachgemäßen Abschlagen ganz ab, so gibt auch das verbreitete Aufbewahren der lebenden Fische in engen Transportgefäßen (Lageln) oder das Hältern in so genannten Einhängenetzen Anlass zur sehr kritischen Betrachtungen. Im Lagel hat sich schon so manche stumme Tragödie abgespielt. Das Resultat war dann immer der durch Sauerstoffarmut erstickte Fisch. Im Hälternetz hat er wohl das ihm vertraute Element, aber die Draht- oder Garnmaschen verletzen ihm umso mehr Schleimhaut, Flossen und Maul, je verzweifelter er seinem ungewohnten Gefängnis zu entkommen sucht. Dabei sind die mit Reifen versehenen Einhängnetze immer noch besser als die einfachen Netzsäcke, in denen oft mehrere Fische in drangvoll fürchterlicher Enge und ganz unnatürlicher Körperlage zusammengepfercht sind. Der Bequemlichkeit des Fischers, sich die Beute lebend zu erhalten oder erst am Ende des Angeltages die geeigneten Fische mitnehmen und die anderen zurücksetzen zu können, steht die Qual der Fische während des stundenlangen Hälterns gegenüber, die nicht nur vermeidbar ist, sondern als grober Verstoß gegen das Verbot der Tierquälerei unter Strafe steht.

Wenn man sein Wasser kennt und den Fang nicht nur nach materiellen oder wirtschaftlichen Gesichtspunkten beurteilt, müsste man die Fähigkeit und die Entschlussfreudigkeit haben, sich bei jedem gefangenen Fische sofort klar zu werden, ob er zurück ins Wasser oder in die Küche wandert. Selbst für schwüle Sommertage gibt es heute allgemein bekannte Aufbewahrungsmöglichkeiten wie Kühltaschen u. a., die allerdings eine Abkehr von der gewohnten, allzu bequemen Schichtung im Korb oder in der Angeltasche erfordern. Die Hälterung im Einhängenetz aber sollte nur eine Ausnahme für besondere Fälle sein, wenn die gefangenen Fische aus zwingenden Gründen lebend erhalten werden müssen, sei es zum Beispiel, dass sie in andere Gewässer überführt werden sollen oder vorübergehend zur Laichgewinnung aus dem Wasser genommen werden, oder sei es, dass kranke oder von Parasiten befallene Fische lebend einem fischereibiologischen Institut zur Untersuchung zugeführt werden müssen. Natürlich gibt es sicher noch eine Reihe von weiteren Sonderfällen, in denen aber immer an die Unumgänglichkeit der Hälterung ein strenger Maßstab gelegt werden sollte. Diese uns von der Weidgerechtigkeit auferlegte Forderung stößt heute in weiten Kreisen der Anglerschaft nicht mehr auf jenes Unverständnis, wie noch vor wenigen Jahren. Entschärft wird das Problem erfreulicherweise durch die Tatsache, dass selbst deutsche Obergerichte entsprechend große und tiefe Hälternetze, in denen sich die Fische hinreichend frei bewegen können, nicht mehr für tierquälerisch bedenklich halten.

Die gefangenen Fische wahllos im Einhängenetz aufzubewahren und erst am Ende des Angeltages mehr oder weniger großzügig zu sichten, ist das eine Extrem. Das andere Extrem ist ein Zurücksetzen aller Exemplare, die ein selbstgewähltes Minimalmaß nicht erreichen, das nach Art des Wassers recht groß sein kann, so dass letzten Endes nur dieser oder jener Kapitale oder auch gar kein Fisch übrigbleibt, der des Mitnehmens für würdig befunden wird.

Zweifellos auch eine Übertreibung und auch keine unbedingt nachahmenswerte. Zudem stoßen wir in Deutschland auch hier wieder schnell an die Grenze des Strafgesetzes. Fische dürfen nur aus „vernünftigem Grund“ gefangen werden. Fehlt dieser, besteht der Verdacht der Tierquälerei, und eine Anzeige ruft schnell Polizei und Staatsanwalt auf den Plan. Mag man dieses für angemessen oder überzogen halten, das Gesetz ist einzuhalten! Dass Fische, die das gesetzlich festgesetzte Mindestmaß nicht erreichen, mit aller Vorsicht vom Haken gelöst und zurückgesetzt werden, ist eine Selbstverständlichkeit.

Dieses Zurücksetzen will nun auch verstanden sein. Auch hierbei können wir dem Fisch zwar unbewusst und leichtsinnig, aber doch grausam schaden. Wie oft sieht man, dass der abgehakte Fisch vom Hochufer in hohem Bogen ins Wasser geworfen wird. Wenn er dann unglücklich mit der Breitseite aufs Wasser klatscht, kann man sich vorstellen, wie verheerend das auf die inneren Organe einwirkt, besonders bei Fischen mit Schwimmblase. Sie suchen den nächsten Unterschlupf auf, und mancher von ihnen wird je nach Schwere der Verletzung langsam oder schnell eingehen, wobei es dann als glückliche Fügung angesehen werden kann, wenn ihn schon bald ein Raubfisch findet und ihm schnell das Leben nimmt. Der zurückzusetzende Fisch ist mit nasser Hand – am besten sogar unter Wasser – lose zu greifen und zu halten; ihm ist möglichst vorsichtig der Haken aus dem Maul zu lösen und danach lässt man ihn dann langsam wieder ins Wasser gleiten. Wird das konsequent beherzigt, besteht wenig Gefahr für einen so rücksichtsvoll behandelten Fisch. Sitzt der Haken aber tief im Schlund, in der Zunge oder in den Kiemen, und lässt er sich nur unter großem Blutverlust herauslösen, dann ist es sinnlos, einen solchen Fisch seinem Element zurückzugeben. Er kommt nur selten mit dem Leben davon und nimmt meist ein qualvolles Ende. Wenn von Verpächtern oder Fischereivereinen das Zurücksetzen selbst schwer verletzter untermassiger Fische verlangt wird, dann sollte es selbstverständlich sein, dass sie vorher getötet und zusätzlich in Stücke zerkleinert dem Wasser zurückgegeben werden. Auch so dienen sie dann oft größeren Fischen als Nahrung. Die Erfahrung beweist leider, dass für den Fang und das Zurücksetzen schärfste Bestimmungen erlassen werden müssen. Die Unzulänglichkeit noch vieler Angler verlangt das. Aber es sollte eines unserer durchaus erreichbaren Ziele sein, auch diese Forderung der Weidgerechtigkeit ganz der Verantwortung jedes einzelnen anvertrauen zu können. Gängelei muss von Freiwilligkeit zur absoluten Weidgerechtigkeit abgelöst werden.

Vor jedem Fischen das Gerät prüfen!

Alle haben wir schon einen solchen oder ähnlichen Angelkameraden kennen gelernt: Meist muss er vor Beginn des Fischens seinen Rucksack ausleeren, um aus dem Gewirr von verschiedenen Rollen, ineinander verhängten Schnüren, Vorfächern und Haken, die mit Systemen und Spinnern zusammen einen wüsten Knäuel bilden, in mühseliger Arbeit erst einmal das Passende herauslösen zu können. Das Gerät sieht entsprechend schlampig aus. Die Kommentare mitfischender Angelkameraden bewegen sich zwischen gutmütigem Spott und ärgerlicher Mahnung. Dennoch fischt dieser Schlamper unbekümmert von seinem Gerätechaos, und wie es der Zufall oft will, er hakt auch gute Fische. Es liegt leider nahe, dass ein an schlechtem Gerät gehakter Fisch nicht vernünftig gedrillt und zur Landung gebracht werden kann. Entweder zerfetzt er die zu schwache Schnur, flüchtet sich in Hindernisse, von denen er mit dem falsch gewählten Gerät nicht fernzuhalten ist, oder er befreit sich anderswie mit dem tief im Schlund sitzenden Haken. Nachhaltige Wirkung haben solche Fischverluste bei dieser Sorte Angler selten. Sie sind vergleichbar mit Autofahrern, die selbst noch die marodeste Karre ohne funktionierende Lenkung und Bremse in den Straßenverkehr bringen. Es ist tragische Tatsache, dass durch nachlässige Gerätebehandlung und Gerätewahl, mangelhafte Prüfung und übertriebene Sparsamkeit, die hier ganz fehl am Platze ist, Tag für Tag eine Unzahl von Fischen im wahren Wortsinne „in die Binsen geht“, um dort elend zu verenden, wenn sie den tückischen Haken oder den Spinner nicht mehr loswerden können.

Einmal ist es eine zu kurze, eine zu alte oder verletzte Schnur, ein anderes Mal ein unsachgemäßer Knoten, ein schlechter Wirbel, ein geknicktes Drahtvorfach oder ein zu schwacher Springring, die ein Abreißen der besonders fangwürdigen, größeren Exemplare verursachen. Wenn das einem Anfänger passiert, ist es gerade noch verständlich, aber auch schon kaum zu entschuldigen. Und der Angelgeräteindustrie die Schuld zu geben, ist heute gar zu billig. Sicher wird es immer Material- und Konstruktionsfehler geben. Aber die Konkurrenz zwingt die Hersteller schon dazu, ein Höchstmaß von Präzision und Haltbarkeit zu bieten. Mit dem Kauf des renommierten Markenartikels allein ist es jedoch nicht getan. Vor jedem Fischen ist es Pflicht des Anglers, das ganze Angelgerät - vom Haken bis zur Rolle - auf Zerreißfestigkeit und Intaktheit zu überprüfen und dabei auch nicht zu übersehen, dass oft ein schadhafter Rollenbügel mit Schnureinschnitten oder sogar ein von der Schnur eingeschnittener hartverchromten Rutenringring die Katastrophe verursachen kann. Es gehört schon etwas Vorsicht und Umsicht zum weidgerechten Fischen! Denn, wenn einmal der erhoffte Kapitale gebissen hat, dann wollen und müssen wir ihn auch zur Strecke bringen. Der technisch Unbegabte, dem die Festigkeitslehre ein Buch mit sieben Siegeln ist, hat allen Grund, sich die einschlägige Literatur ganz intensiv vorzunehmen und sich erfahrenen und verantwortungsvollen Fischern anzuschließen. In der Natur Alleingänger zu sein, ist erhebend und schön. Wenn es sich aber um den Umgang mit dem lebenden Tiere handelt, gehört dazu mehr als Begeisterung. Es gehört beim Fischen dazu eine genaue Kenntnis der Fische und ihrer Umwelt, ihrer Größe, Kraft und Wendigkeit und damit der notwendigen Stärke und sachgerechten Auslegung des Angelgerätes. Das alles ohne zuviel Lehrgeld zu erlernen, ist der Anfänger auf eine geduldige und sinnvolle Anleitung und Betreuung durch einen erfahrenen Angelfreund angewiesen. Diese so ernste Einsicht verpflichtet beide Teile, den Lehrling wie den Meister!

Leidenschaft und Selbstbeherrschung

Fischen ist eine Passion, mag nun Beruf oder Liebhaberei der erste Antrieb dazu sein. Und alles, was wir mit Passion und Leidenschaft betreiben, pflegen wir schnell einmal zu übertreiben. Es ist eine gewisse Besessenheit, die den sprichwörtlich Bauernburschen zum Wilderer oder Schwarzfischer macht. Aber wehe der Fischwelt, wenn diese Besessenheit durch den Fischereischein legalisiert und nicht durch die Prinzipien der Weidgerechtigkeit gehemmt und in gesunde Grenzen zurückgewiesen wird! Wer kennt sie nicht die heimlichen Begleiter: Fanggier und Fischneid? Selbstverständlich nicht bei sich selbst, sondern nur beim mitfischenden Kameraden! Man selbst ist natürlich ausgeglichen und ganz und gar nicht anfällig gegen diese Begleiter. Man freut sich von Herzen, wenn der andere seinen Fischkorb füllt oder den längst bekannten Großfisch fängt, wenn man auch selbst „Schneider“ wird! Aber Scherz beiseite. Im Jäger und Fischer steckt noch der uralte Jagdtrieb, im Wald und auf der Heide dem Wilde und im Wasser den Fischen nachzustellen, sie zu überlisten und zu erbeuten. Unseren Vorfahren musste dieser lebensnotwendige Antrieb in Tausenden von Jahren die tägliche Nahrung sichern helfen. Sie kannten nichts anderes, als die immer wiederkehrende Jagd und Fischerei zu allen Jahreszeiten.

Wir sind nur wenige tausend Jahre von diesen urgeschichtlichen Jägern und Fischern entfernt. Da ist es kein Wunder, dass Zivilisation und Kultur diese starken Urtriebe nicht auszumerzen vermochten, dass sie noch in den Genen des heutigen modernen Menschen schlummern und nur geweckt zu werden brauchen, um wieder hochvital zu werden. Sind wir vom Vater her „vorbelastet“, dann sind wir selbstverständlich wieder Jäger oder Fischer. Aber auch ohne dieses nur zu verständliche Erbe genügt oft ein zufälliger Anstoß, uns in die Jagdreviere und Fischgründe zu ziehen. Diese unsere Jagd- und Fischleidenschaft ist also etwas Natürliches und Gesundes. Wir brauchen uns ihrer nicht zu schämen, auch wenn sie uns immer und immer wieder von Neuem überkommt; wenn wir beim unerwarteten Anblick eines raubenden Großfisches vor Aufregung zittern, wenn uns das lautlose Auftauchen eines bemoosten Karpfenriesen die Augen herausquellen lässt oder wenn wir bei einem aufregenden Abendsprung, wenn Forellen und Äschen nur so aus dem Wasser herausschnellen, von Fangleidenschaft verwirrt werden und zunächst gar nicht wissen, welchem Fisch wir zunächst unsere Fliege anbieten sollen. Und die Leidenschaft verfolgt uns bis in unsere Träume. Da steigen Äschen und Forellen rund herum um unser Bett, und wir haben die Fliegen vergessen oder können das vertüderte Vorfach nicht entwirren. Die kostbare Angelzeit läuft und läuft, und schweißgebadet wachen wir auf...

Die Fanggier ist eine ungeheure Triebfeder, die uns bis ins hohe Alter umtreibt, sind wir erst einmal vom Angelbazillus befallen. Sie erhält uns beweglich und jung! Aber sie ist auch eine schlechte Beraterin und eine Verführerin. Wohl dem, der ohne Reue auf alle seine Fänge zurückschauen kann; der nie mehr fing als er brauchte; bei dem der gefangene Fisch nie erst unter dem Vergrößerungsglas seiner gierigen Augen das Mindestmaß erreichte und der nie und in keiner Lage einen fraglichen oder gar verbotenen Köder verwendete! Vielleicht mussten wir alle einmal durch dieses Fegefeuer einer uns beutelnden Leidenschaft hindurch und sind dann erst durch fressende Reue und guten Vorsatz zum fairen Angelfischer geworden, der seine Fanggier zu zügeln weiß. Solange man aber jeden Fisch herausnimmt, der nur eben an der Grenze des Mindestmaßes liegt, rucksackweise solche Maßfische heimträgt, sich vom Wurm, vom Köderfischchen und von der Schluckangel nicht trennen kann, nur weil der pflanzliche oder der künstliche Köder weniger einträgt, dann kann man nicht behaupten, seine Fanggier unter Kontrolle zu haben. Und wer als erfahrener Fliegenfischer nur allzu oft auf die hohe Kunst des Fischens mit der Trockenfliege verzichtet, weil die nasse oder versunkene Fliege oder die Nymphe meistens eben doch mehr Fische betört, ist auch weit entfernt von einer edlen Selbstbeherrschung, durch die allein die Fanggier gezügelt werden kann. Selbstverständlich können solche Regeln nicht verallgemeinert und etwa der Nassfliegenfischer auf eine Stufe mit dem Wurmangler gestellt werden. Dazwischen liegen nun doch noch allerhand Wertstufen. Aber es scheint, wir beherrschen unsere Fang- und Besitzleidenschaft erst, wenn wir in jedem Falle nicht zu den primitivsten oder sichersten Angeltechnik und Angeltaktik greifen, sondern uns den Fang eher freiwillig etwas erschweren!

Oft genug kommen uns in diesem Bestreben ja die Regelungen vieler Vereine entgegen, den Köder, z.B. den Blinker oder die künstliche Fliege vorzuschreiben und den Fang zahlen- oder gewichtsmäßig zu beschränken, weil der Fischer zu viele und der Fische zu wenige sind. Wer aber dort, wo ihm der Köder freigestellt ist, immer wieder nur mit dem Wurm fischt, dem liegt nichts an einer Weiterentwicklung seiner Angelkunst. Er steht mit Recht im Verdacht, nur ein fangbesessener Topf- und Küchenfischer zu sein, der aber keinen Anspruch erheben kann, zur anspruchsvolleren Gilde der Angelfischer gerechnet zu werden.

Zu den Möglichkeiten, die Fanggier einzudämmen, gehört auch das strikte Verbot fast aller Fischereivereine, die gefangenen Fische zu verkaufen. Das hat schon seinen Sinn, wenn es auf den ersten Blick auch allzu rigoros und reichlich summarisch erscheint. Aber es ist nur zu bekannt, dass der Erwerbssinn beim Menschen ganz ungleich verteilt ist. Der eine stuft die Dinge seiner Umwelt nach ihrer Eigenschaft ein, ob sie ihm gefallen und Freude machen, ob er sich an ihnen und durch sie erbauen und erheben kann oder nicht. Er ist soweit ein recht liebenswerter Geselle, wenn er auch an den Gelegenheiten, Geld zu verdienen, oft blind vorbeigeht und von dem erfolgreichen Kaufmann zu den hoffnungslosen Fällen gezählt wird. Der andere taxiert alles nach wirtschaftlichen Maßstäben. Für ihn hängt an jedem belebten und unbelebten Gegenstande ein Preisschildchen, das ihm Aufschluss über seine Verkaufseignung gibt. Kein Wunder, dass er immer darauf aus ist, irgendein Geschäft zu machen. Wenn nun so ein geschäftstüchtiger Mann zum Angelfischer geworden ist, kann man sich darauf verlassen, dass auch seine gefangenen Fische ihm bald zur Ware werden. Diese gut verkäufliche Ware aber steigert seine Fanggier derart, dass sie in schlimmen Fällen keine Grenzen kennt. Aber auch bei den weniger Erwerbstüchtigen können gelegentliche Fischverkäufe recht demoralisierend wirken. Das sozusagen spielerisch bei der Ausübung einer Freizeitbeschäftigung nebenbei verdiente Geld verleitet ihn leicht dazu, nur wieder recht viele Fische zu fangen, ohne Rücksicht auf eine maßvolle Auslese und ohne die Übervorteilung seiner mitfischenden Angelkameraden zu bedenken. Und da solche „tüchtige“ Mitmenschen eben auch unter den Angelfischern anzutreffen sind, blieb es nicht aus, dass eine Ächtung und ein Verbot des Fischverkaufs schon seit langem ein wirksames Mittel geworden ist, die Fanggier einzudämmen. Aus dem Verbot hat sich ein Ehrbegriff herausentwickelt, gegen den zu verstoßen eine rechte Schande ist. Das ist durchaus positiv zu bewerten; denn der charakterlichen Entwicklung des Anglers kann eine solche Zügelung seiner Fangbesessenheit und eine Überwindung, die ja immer Stolz und Zufriedenheit im Gefolge hat, nur förderlich sein, und dem Fischwasser nützt sie ganz bestimmt! Nun ist der Einwand fällig, dass doch der Jäger sein Wild verkauft und dass diese Gepflogenheit von jeher nie unehrenhaft gewesen ist. Das hat sicher seine Tradition. Aber auch ohne nach deren Quellen zu forschen, leuchtet ein, dass zum Beispiel der Verkauf von Rotwild, das weder in der Familie noch im Freundeskreise auf einmal verwertet werden kann, eine Selbstverständlichkeit ist, während ein einzelner Hase doch nur ein Familienbraten ist! Aber was soll der Pächter einer ausgedehnten Niederjagd in der Hauptschusszeit im Herbst mit allen den Hasen anfangen? Sie müssen verkauft werden. Ist er jedoch nur einer von mehreren Mitpächtern oder -besitzern, dann fließt der Erlös in eine gemeinsame Kasse, so dass schon dadurch kein Anreiz für den einzelnen gegeben ist, für sich besonders viel herauszuschießen.

Die Beute des Fischers ist meist nicht viel größer, als dass sie für mehr als den eigenen Bedarf reichen würde. Was darüber hinausgeht, dafür hat er schon genügend dankbare Abnehmer, denen er schon lange einen Fisch versprochen hat, wenn er einmal einen fangen sollte! Außerdem fischt er als Vereinsmitglied oder auch als Karteninhaber meist in Gesellschaft von mehreren oder sogar vielen Mitfischern, die bei der Verwertung des Fanges und der Organisation einer gemeinsamen Kasse kaum unter einen Hut zu bringen wären. So ist es ganz verständlich, dass durch ein Verkaufsverbot einzelnen erfolgreichen Mitfischern keine besonderen Vorteile ermöglicht werden und so der Fanggier kein Vorschub geleistet wird.

Innerhalb der Fischereivereine und -organisationen ist also der Fischverkauf in der Regel längst verboten und unehrenhaft. Aber wie sieht es beim Fischen in Wassern aus, in denen gegen Lösung einer Tages- oder Wochenkarte kurzfristig zusammen mit einander völlig fremden Mitfischern gefischt werden kann? Hier hört man oft solche Meinungen wie: „Die Fahrt nach X kostet mich soundsoviel Benzin, die Tageskarte soundsoviel EURO, dazu kommen noch meine Verpflegungskosten. Macht summa summarum 80 EURO. Diesen Betrag kann ich aber selbst an einem Topbeißtag nie im Gasthof, der mir immer die Fische abnimmt, erzielen. Also wird die Sache für mich langsam uninteressant!" Diese Einstellung, den möglichen Erlös in Beziehung zu den Aufwendungen zu bringen, verführt immer und in jedem Falle dazu, die fängigsten – also meist weniger weidgerechten – Köder zu verwenden und jedes „Schwanzerl" mitzunehmen. Die Besitzer oder Verpächter solcher Wasser suchen sich heute schon durch mancherlei Vorschriften zu schützen, die die Köder sowie Zahl und Größe der zu fangenden Fische betreffen. Aber es ist zu befürchten, dass solche Pseudofischer unbelehrbar sind und sich dann andere Möglichkeiten suchen, wo sie ihren fraglichen Angeltrieb ausleben können. Das ist ein Grund mehr, durch klare Regelungen zur Weidgerechtigkeit auch den außerhalb einer Anglerorganisation stehenden Sportfischer „in Pflicht zu nehmen", so dass es gegen seine Ehre verstößt, wenn er sich dieser Pflicht entzieht.

Der Fischverkauf durch Angelfischer muss in der Allgemeinheit, nicht zuletzt aber auch beim seriösen Wirt und Fischhändler den Makel des Unerlaubten haben. Dann wird es langsam besser werden. Aber auch dann werden wir die bösen Ausnahmen leider nie aus der Welt schaffen. Eine nicht ganz so schlimme Ausnahme vom allgemeinen Verbot des Fischverkaufs könnte allenfalls dem Fänger eines wirklichen Großfisches eingeräumt werden, den er nun beim besten Willen im Familien- und

Bekanntenkreise weder verzehren noch sonst verwerten kann. Übersteigt das Einzelgewicht eine bestimmte Grenze – sagen wir vielleicht einmal ab 6 bis 8 kg – dann ist ja der Angelfischer in der gleichen Lage wie der Jäger. Er sollte dann den Riesenfisch verkaufen dürfen, wobei in Vereinen der Erlös zu einem nicht unbeträchtlichen Teil in die Setzlingskasse, außerhalb der Organisationen aber ruhig in die Tasche des glücklichen Karteninhabers fließen könnte. Solche Fänge sprechen sich herum und kommen auch zu Ohren des Besitzers oder Verpächters. Und man möchte den Fischwasserherrn kennen lernen, der einem notorischen Großfischangler mit Verkaufstalent weiterhin seine Lizenz erteilt! Diese Dinge regulieren sich von selbst.

Unter Freunden ist es üblich und selbstverständlich, dass man sich gegenseitig die Beute zeigt. Ist doch die Fangfreude erst eine wirkliche Freude, wenn ein geschätzter oder verehrter Mensch daran teilnimmt. Dass ein Wilderer oder Schwarzfischer von Jagd- oder Fischleidenschaft besessen ist, war und ist immer verständlich. Dass dieser aber dann seine Beute verheimlichen kann oder muss und nur seinem Hehler zum Vertrauten hat, das ist und wird immer ein Rätsel bleiben. Da muss schon im Charakter des Schwarzfischers das bei gutartigen Menschen so ausgeprägte Mitteilungsbedürfnis gestört sein oder er hat verschwiegene Freunde gleicher Mentalität. - Unter Kameraden der Fischweid aber ist es ein schöner Brauch, sich die Beute immer unaufgefordert gegenseitig zu zeigen. Man ist einander wohlgesinnt und frei von Missgunst. Diese Gepflogenheit müsste so allgemein unter allen Angelfischern werden, dass die noch übliche Rucksackkontrolle durch dafür autorisierte Organe in absehbarer Zeit fortfallen könnte. Diese immer drohende Rucksackkontrolle ist natürlich eine gegenüber unsicheren Kantonisten recht wirksame Polizeimaßnahme, die Einhaltung von Mindestmaßen, Schonzeiten und sonstigen Geboten zu erzwingen. Aber es ist doch recht beschämend, wenn solche drastische Kontrollmaßnahmen immer noch nötig sind. Sicher ist es eher anzustreben, dass die Weidgerechtigkeit Allgemeingut aller Angelfischer wird. Das ist eines der Ziele, die man durch Einführung einer Fischerprüfung zu erreichen sucht, die zweifellos geeignet ist, wenigstens in weiten Grenzen zur Maßlosigkeit neigende Elemente von unseren ängstlich und wachsam behüteten Fischgründen fernzuhalten.

Das muss der Angler wissen, kennen und können

Erstens: Solide Kenntnisse über den Fisch

In kritischer Rückschau bedrohen uns eine Reihe Fallstricke, über die wir als Angelfischer, die immer weidgerecht sein wollen, straucheln können. Und doch ist alles das, was dem Nichtfischer oder dem mit der Fischweid erst wenig Vertrauten übertrieben und befremdend erscheint, dem ernsten und erfahrenen Fischer geläufig. Natürlich muss auch der gestandene Angelfischer immer und immer wieder seinen „inneren Schweinehund" bekämpfen, doch mit seinem Hineinwachsen in die Natur, seinem

Vertrautwerden mit den Lebensansprüchen aller Wesen wird er die Prinzipien der Weidgerechtigkeit bald als selbstverständlich empfinden. - Aber so ganz ohne unser Zutun reift auch hier keine Frucht! Das verantwortungsbewußte Verhalten zu allen irdischen Lebewesen resultiert nicht automatisch aus Einsicht und Mitgefühl. Es setzt auch eine sehr reale Grundlage voraus, deren Bausteine Kenntnisse und Wissen über die Komplexität des Lebens im konkreten Lebensraum sind. Diese muss man sich erarbeiten.

Einen Menschen in seinen Handlungen zu verstehen, setzt Kenntnis seines Charakters, seines Werdeganges und der ihn formenden Umstände voraus. Unser eigenes Denken und Handeln ist uns in aller Regel ein brauchbarer Beurteilungsmaßstab. Aber reicht das allein schon aus, ein verantwortungsbewusster Angelfischer zu sein? Der Zoologe und der spezialisierte Fischereibiologe bringen Jahre intensivsten Studiums damit zu, den Fisch in seinem anatomischen Aufbau und in seiner Lebensweise kennen zu lernen. Es wäre geradezu ein Idealfall, wenn ein solcher kenntnisreicher Zoologe auch das Zeug zum Angelfischer hätte. Es gibt solche Idealfälle, aber sie sind selten. Leider sind noch nicht alle Fischereireferenten und -räte Angelfischer. Viele sind verbeamtete Schreibtischhelden und kennen die Realität am Fischwasser nur unzureichend bis gar nicht. Die erfreuliche Entwicklung der Angelfischerei in ihrer ideellen und wirtschaftlichen Bedeutung, insbesondere auch als Indikator und Gestalter gesunden Wassers und perspektivischer Lebensräume für Mensch und Tier, schreit doch förmlich danach, dass die Behörden, die uns betreuen sollen, den Angelfischer mit all seinen wertvollen Anliegen ebenso beraten können wie den Fischzüchter und den Teichwirt. Das können Behörden und ihre Mitarbeiter nur dann, wenn sie Teiche und Seen, Bäche, Flüsse und Ströme aus der Perspektive der Anglerschaft kennen. Freilich drückt sich unsere Bedeutung nicht in Produktionserfolgen und Umsatzzahlen aus. Unser gegenüber den verschiedenen Sparten der Berufsfischerei überragendes Aufkommen an Pachten und Steuern wollen wir dabei gar nicht ins Feld führen. Dieses wäre unfair, weil man ja sozusagen Gewerbe- nicht mit Vergnügungssteuern vergleichen soll. Aber das erste und letzte Anliegen der Angelfischerei – der gesunde Fisch im gesunden Wasser – ist inzwischen von so überragender Bedeutung geworden, dass die Zeiten des von allen Seiten mitleidig belächelten Anglers längst vorbei sind. Aus dem „regenwurmbadenden Tagedieb“ hat sich ein von der Mehrheit der Bevölkerung geschätzter Vorkämpfer für einen vernünftigen Naturschutz und ein reines Wasser in unverfälschter Landschaft entwickelt!

Die an den Angelfischer zu richtenden Forderungen sind von ihm nur zu erfüllen, wenn er sich zu allererst eine umfassende Kenntnis des Fisches und seines Lebensraums aneignet. Wenn ein Jungfischer nicht das Glück hatte von seinem Vater, einem Onkel oder einem Vereinskameraden liebevoll an die Hand genommen und in die Geheimnisse der Angelfischerei eingeführt zu werden, war es sehr oft doch so, dass der Anfänger ganz unvoreingenommen und leider auch unvorbereitet zum Fischwasser kam und nun seine für gutes Geld erworbenen Geräte und Köder ausprobierte. Er fing auch hier und da einen Fisch, den er oft genug nicht einmal identifizieren konnte! Es ist nur zu bekannt, dass zum Beispiel in Süddeutschland manche Junghuchen als Forellen und auf dem ganzen Kontinent noch mehr junge, untermassige Zander als Barsche angesprochen und mitgenommen werden. Das sind nur zwei besonders krasse Beispiele. Da der Nichtfischer bekanntlich wenig Ahnung von der Vielzahl unserer heimischen Süßwasserfische hat, verschwimmen natürlich auch dem angehenden Angelfischer oft genug schon die groben Grenzen zwischen den Arten, ganz zu schweigen von den feineren Unterschieden innerhalb dieser, wo es sich etwa darum handelt, Hasel oder Nerflinge von jungen Döbeln oder gar Rapfen zu unterscheiden. Hirsche, Rehe, Hasen und Wildenten kennt heute jeder, weil sie

Bestandteile unseres allgemeinen Wissens sind und als Landtiere in freier Wildbahn dem Auge sichtbar und vertraut werden. Aber alles, was sich unter dem Wasserspiegel bewegt, ist für den Durchschnittslaien nur „ein Fisch", günstigenfalls „eine Forelle" oder „ein Aal". Sicher ist das bereits ein Manko unserer Schulbildung; denn gerade unsere für Mitteleuropa so typische Fischwelt sollte jedem Schulkind vertraut werden, zumal sie sich so grundlegend unterscheidet von den Formen und Arten der so nahen und heute fast jedem zugänglichen Mittelmeergegenden.

Aber wir wollen die weit verbreitete Unkenntnis dem unbefangenen Nichtfischer nicht einmal verübeln. Selbst seine theoretischen Kenntnisse könnte er außer durch Schaubilder höchstens auf dem Fischmarkt oder im Aquarium sozusagen lebendig werden lassen. Lernen wir als Angelfischer doch auch erst nach geraumer Zeit, vom Ufer aus oder von einer Brücke den stehenden oder dahinhuschenden Fisch richtig zu sehen und anzusprechen. Das ungeschulte Laienauge sieht nur die gleitenden Wellen und Lichtreflexe, es schaut nicht hindurch. Es ist gar nicht so einfach, und dazu gehört eine lange Erfahrung und Übung, den Fisch in seinem Element zu beobachten. Selbst die heute preiswert erhältlichen Polarisationsbrillen, die dem Wasser für das menschliche Auge weitgehend die Oberflächenspiegelung nehmen, sind kein Allheilmittel.

Es ist fast eine Kunst und eine wirkliche Begabung, richtig in das Wasser hineinschauen zu können und nicht allzu oft ein von der Strömung bewegtes Moos oder einen flachen Stein als einen Fisch und einen echten Fisch als einen Ast anzusprechen. Voraussetzung dafür ist eben das Wissen, ob an der betreffenden Stelle überhaupt ein Fisch, und wenn ja, welche Art stehen kann. Aber das ist schon etwas für Fortgeschrittene und setzt umfassende Kenntnisse der äußeren Erscheinung unserer meisten Süßwasserfische und die Eigenart ihrer Standorte und ihres Standortverhaltens voraus. Wer ein Fließgewässer nach seiner Zugehörigkeit zu einer der Regionen, nach denen wir heute unsere Fließgewässer einteilen

- Forellen-, Äschen-, Barben-, Bleiregion sowie Kaulbarsch und Flunderregion - ansprechen kann, hat auch eine Ahnung, welcher Fisch ihm dort begegnet. Und wem die Zusammenhänge zwischen der äußeren Form und den inneren Organen einerseits und dem Verhalten im Wasser und der Nahrungsaufnahme andererseits einmal klargeworden sind, der weiß auch bald, wo er seinen Fisch zu suchen und welche Köder er ihm anzubieten hat.

Kurz: Das Erste und Wichtigste ist für den angehenden Angelfischer, dass er von den häufig vorkommenden Fischen seines Wassers, von ihrer äußeren Erscheinung, ihrer Bewegungsart, ihren Standorten und ihren Revieren ein klares Bild hat. Eine umfassende Literatur vermittelt heute diese Grundlagen, die Vereine nehmen sich ihres Nachwuchses an, die Fischereizeitungen bringen Berichte, Erfahrungen und Anleitungen. Aber wohlgemerkt: Die Beherrschung der Theorie verkürzt zwar den Weg zur erfolgreichen Praxis, aber sie ersetzt ihn nicht! Es ist gar nichts dagegen einzuwenden, wenn jemand, der sich solche theoretischen Grundlagen zueigen gemacht hat, sich zunächst gar nicht traut, die Angel auszuwerfen. Er soll ruhig längere Zeit Zuschauer bleiben, aber ein Zuschauer mit Neugier und weit offenen Sinnen, der einen weidgerechten Könner begleitet, ihm beim Landen der Fische oder beim vorsichtigen Abködern und Zurücksetzen behilflich ist. So wird er auch Zeuge der praktizierten Weidgerechtigkeit und Partner der so packenden Gespräche, die jeden Fang und jeden Fisch begleiten, mag er nun des Mitnehmens gewürdigt oder mit frommen Wünschen seinem Element zurückgegeben werden.

Bei diesen Überlegungen zwingt sich die Erinnerung, an das noch heute bedeutende Lehrbuch von Karl Heintz, „Der Angelsport im Süßwasser“, auf. In diesem Buch ließ er auch den zu seiner Zeit bekannten Fischereibiologen Bruno Hofer auf immerhin

50 Seiten über den Bau und die Lebensweise der Fische zu Worte kommen. Wen Unsicherheiten und Zweifel bei der genauen Bestimmung eines Fisches plagen, der findet, so ihm dieser Klassiker der Angelliteratur zugänglich ist, alles in diesen überaus klaren Kapiteln über die Anatomie des Fisches, was man etwa über das Skelett, die Oberhaut, die Sinnesorgane, den Blutkreislauf und das Nervensystem und die vielen anderen Organe und Funktionen wissen muss. HEINTZ lässt nicht von ungefähr einen Fischereibiologen sein damals grundlegendes Werk beschließen. Ihm war klar, dass nur ein ausgewiesener Fachmann auf dem Gebiet der Fischereibiologie dieses wichtige Schlusskapitel schreiben konnte. HEINTZ teilte also seine Autorenschaft an dem bahnbrechenden Werk; eine Charakterstärke, die leider sehr selten ist und – dort, wo sie fehlt – dazu führt, dass Amateure sich anschicken über Dinge zu schreiben, die sie besser lassen sollten.

Wer Gelegenheit hatte, Schulungen an Lehr- und Versuchseinrichtungen für Fischerei zu besuchen, wird uns zustimmen, dass beim Hören der Vorträge von Wissenschaftlern und Praktikern, von Biologen und Fischmeistern immer wieder auf HOFER und die einschlägige Literatur späterer Zeit Bezug genommen wurde. Wir erkannten, dass der Angelfischer geradezu verpflichtet ist, sich immer wieder mit dem Bau des Fisches, seiner Stellung in der großen Gemeinschaft aller Lebewesen und seiner so klaren Eigenschaft als Ahne aller Wirbeltiere zu befassen. Ist es nicht jedes Mal eine faszinierende, aufregende Lektüre, wenn wir die engen Entwicklungszusammenhänge zwischen Kiemen, Schwimmblase und Lunge kennen lernen? Oder wenn wir vom Quastenflosser hören, dem Vorgänger der Landtiere? Wie sich aus Brust- und Bauchflossen im Laufe der Jahrmillionen Vorder- und Hintergliedmaßen, Arme und Beine entwickelt haben? Zugegeben, der lange Entwicklungsweg dieser äußeren Formen verlangt schon einiges an Vorstellungsvermögen. Aber bei jedem Aufbrechen und Ausnehmen eines Fisches leuchten uns doch die Zusammenhänge zwischen Fisch und Säugetier, die ungeheure und so plastische Ähnlichkeit ganz unmittelbar ein. Nicht jeder kann an solchen Schulungen teilnehmen. Aber jeder hat die Möglichkeit, sich in der heute so reichhaltigen Medienlandschaft die Kenntnisse anzueignen, die aus ihm einen Angelfischer mit solidem Hintergrundwissen werden lassen.

Mit der Kenntnis der Fische und ihrer Lebensweise wächst auch das Verständnis für die gesetzlich festgelegten Schonzeiten und Mindestmaße, die der Fischer ebenso genau kennen muss wie die Fische selbst. Freilich hat er diese und vielleicht noch weitere Verordnungen meist auf der Rückseite seiner Fischkarte vermerkt; er kann sie auch auswendig lernen. Den richtigen Sinn aber bekommen sie für ihn erst, wenn die nüchternen Daten und Maße dadurch lebendig werden, dass er Wachstum und Laichreife jeder Art kennt und mit dem biologischen Jahresturnus vertraut wird, in welchem Lebendigkeit und Ruhe, Heißhunger und Einstellung der Nahrungsaufnahme, die aufregenden Wochen der Fortpflanzung und das neutrale Nebeneinanderleben der Geschlechter ihre ganz bestimmten Zeiten haben. Und da diese Zeiten bei jeder Fischart andere sind, in weiten Grenzen die der Sommer- und Winterlaicher von einander abweichen und auch in engeren Grenzen die Fortpflanzung der Sommerlaicher sich auf die Monate März bis Juli verteilen, wird dem Lernenden die Notwendigkeit recht eindrucksvoll, dass jede Art ihre bestimmte Schonzeit braucht und dass die in verschiedenen Ländern noch geltende allgemeine Schonzeit längst ihren Sinn verloren hat.

Der Forellenfischer weiß, dass Bach- und Regenbogenforellen zu ganz verschiedenen Zeiten geschont werden müssen, aber dem Hechtfischer drängt sich auch die Frage auf, warum selbst in Hechtrevieren, die bestimmt nicht mit Hechten überbesetzt sind, immer noch Ausnahmen vom Fangverbot in der Laichzeit gemacht werden? Ganz abgesehen davon, dass Berufs- und Angelfischer in dieser Beziehung gleichberechtigt sein müssten, hat diese Ausnahmebestimmung doch nur Sinn in Fischwassern, wo der Hecht wegen zu zahlreichen Auftretens kurz gehalten werden muss. Heute ist das in den meisten Seen bestimmt nicht mehr der Fall. Der Hecht ist oft so selten geworden, dass er seiner Rolle als „Gesundheitspolizei“ und als natürlicher Faktor der Bestandsregulierung kaum mehr gerecht werden kann. Soll er doch das große Volk der allzu fruchtbaren Weißfische und Barsche dezimieren, damit die Übrigbleibenden mehr Nahrung finden und größer werden können. Werden nun die an sich schon zu geringen Hechte in der Laichzeit weggefangen und liegen dann auf den Küchentischen der Hotels mit dickaufgetriebenen Bäuchen voller Laich, dann muss sich dagegen energischer Widerspruch erheben!

Ganz allgemein haben die Schonzeiten den Sinn, die Fische in ihrer Fortpflanzung nicht zu behindern, sie vielmehr durch Vermeidung jeglicher Störung hierin zu unterstützen. Nur sollte dieses „In-Ruhe-lassen“ nicht soweit gehen, dass man eine Begehung des Wassers in der Laichzeit ganz vermeidet. Das wäre eine Vogel-Strauß-Politik. Vielmehr ist es in der Zeit, da die Fische im wahren Wortsinn „vor Liebe blind“ sind, da sie so sehr vom Geschlechts- und Fortpflanzungstrieb in Anspruch genommen werden, dass sie die übliche Vorsicht gegenüber Feinden und Gefahren vernachlässigen, doppelt notwendig, dass man die Laichstellen gegen die zwei- und vierbeinigen Räuber absichert. Denken wir nur daran, wie so ein völlig apathischer Hecht nach dem Ablaichen der Gabel oder der Schlinge beutegierigen Fischräuber zum Opfer fallen kann. Oder: Dass ein Riss mit mehreren hintereinander gebundenen Drillingen manche Barbe aus dem dichtgedrängten Hochzeitszug herausreißen kann: Oder: Dass in Notzeiten allzu viele Liebhaber des Fischfleisches es gelernt haben, mit primitiven Explosivmitteln aus den Laichschwärmen der Rotaugen die arglosen Hochzeiter zu Dutzenden mit zerrissenen Organen an die Oberfläche zu befördern. Gerade in den Schonzeiten also ist ein unverhofftes Auftauchen an unserem Fischwasser am ungewohnten Tage und zu unerwarteter Stunde oft ein wahrer Segen. Der Schwarzfischer hat meist viel mehr Zeit als wir. Aber er ist irritiert und wird übervorsichtig, wenn er merkt, dass wir nicht immer an den üblichen Samstagen und Sonntagen, sondern ganz unprogrammäßig plötzlich dienstags in aller Herrgottsfrühe oder am Donnerstagabend auftauchen. An Vereinsgewässern kann von aufmerksamen Vorständen oder gewitzten Gewässerwarten in diesen Zeiten ein regelrechter Revierdienst, eine Art Jourdienst, eingerichtet werden. Der Reihe nach begehen die Fischkameraden, die sich für diesen interessanten Dienst bereit erklärt haben, das Wasser und besonders die Laichreviere. Bedenken wir immer bei allen diesen Maßnahmen, dass der Fischdieb meistens besser darüber im Bild ist, wann und wo die Hechte in mäßig tiefem Wasser nahe am Schilf beieinander stehen, wann und wo sich die Bachforellen auf seichten Kiesbänken versammeln und die doch sonst so sprichwörtliche Scheu verloren haben, und wann und wo auch zum Beispiel die Barben dichtgedrängt in ganzen Herden Rücken an Rücken hin- und herschwimmen, vor- und zurückwogen und die ganze Wasserfläche in spritzende Wellen verwandeln, wenn sie dabei ins allzu Seichte geraten.

Bei solchem Inspektions- und Wachdienst ist ja das Beobachten der Liebesspiele und des machtvollen Zueinanderdrängens der Geschlechter, das Miterleben der geheimnisvollen Wunder der Zeugung und des Werdens unser schönster Lohn. Dieser vorsorgliche und behutsame Wachdienst gehört zweifellos ebenso zu den Aufgaben der Weidgerechtigkeit wie die so selbstverständliche Einhaltung der Schonzeiten. Aber ist diese so selbstverständlich? Immer wird es in unserem Innern oder in der Person eines Mitfischers oder Begleiters einen Verführer geben, der es für lächerlich hält, einen an den ersten oder letzten Tagen der Schonzeit gefangenen Großfisch zurückzusetzen! Da heißt es dann ebenso konsequent den inneren Anstand zu beweisen wie am Grenzgumpen, der uns oft mächtig anzieht, unbeobachtet unseren Köder über die Fischgrenze hinaus auszuwerfen.

In Sinne einer echten Weidgerechtigkeit muss also die korrekte Einhaltung der Schonzeiten nach Tag und Stunde für den Angelfischer eine Mindestforderung sein, die aber durchaus nicht immer genügt. Bestehen schon in normalen Jahren zwischen den Laichzeiten der gleichen Fischart in verschiedenartigen Wassern Unterschiede, so können sie je nach dem Verlauf der Wassererwärmung in den Monaten vor der Laichzeit in verschiedenen Jahren bis zu mehreren Wochen voneinander abweichen. Und da außerdem die jüngeren Jahrgänge meist früher mit dem Laichgeschäft beginnen als die älteren, hat der Angelfischer vor dem Beginn und nach dem Ende der gesetzlich festgelegten Schonzeiten schon sehr aufmerksam seine Schützlinge unter Aufsicht zu halten. Bei Fängen muss er beurteilen können, ob der Fisch schon laichreif ist bzw. noch nicht abgelaicht hat. Und das bedingt, da er ja schnell wieder in sein Element zurück muss, eine gute Kenntnis der äußeren Kennzeichen und Symptome und auf Grund dieser einen sehr schnellen Entschluss.

Schonzeit haben nun meist nur Fische, die wir vielleicht einmal als Nutzfische bezeichnen wollen, während die großen Völker der Minderfische das ganze Jahr hindurch vogelfrei sind. Ausnahmen wie etwa der Barsch oder der Döbel, die wegen guten Wachstums oder wegen einer gewissen Schlüsselstellung in bestimmten Wassern geschont werden, wollen wir dabei außer Acht lassen. Die Schonung der wertvolleren Fische ist also zunächst eine rein rationale Maßnahme der Nützlichkeit und der Wirtschaftlichkeit, die mit Humanität und Weidgerechtigkeit kaum etwas zu tun hat. Die Schonzeiten stammen zum großen Teil aus der Zeit, als die Fischrechte in Flüssen, Bächen und Seen noch bei Städten, Gemeinden, Feudalherren und Klöstern lagen und diese ehemals willkürliche Handhabung infolge des zunehmenden Einbruches der Zivilisation in die Natur einer Einschränkung bedurfte. Später wurde dann mit weiterem Rückgang des Fischreichtums das System der Schonzeiten immer mehr ausgebaut. Heute sind es nicht zuletzt die Anglerorganisationen, die maßgeblich an der Festsetzung der gesetzlichen Schonzeiten beteiligt sind und über diese hinaus noch manche Zusatzzeiten und Schonreviere festlegen. Waren es nämlich zunächst nur die Gebote der Nützlichkeit, so kam nun eine anspruchsvolle Ethik hinzu, die die Schonung des laichenden Fisches gebietet. Wie sie in allen Lebensgebieten Scheu und Respekt vor den Wundern der Zeugung, der Trächtigkeit und des Gebärens vorschreibt, Menschen und Tiere in diesen hohen Zeiten tabu werden lässt, so musste sie ganz folgerichtig das Wasserwild der schützenden Obhut des Fischers anvertrauen, zumal beim Fisch gleich zwei der geheimnisvollen Vorgänge, nämlich Zeugung und Geburt sozusagen zusammenfallen. So ist uns Angelfischern heute bei unserer Haltung gegenüber dem laichenden Fisch dieses Gebot der Ethik viel mehr bewusst als der nüchterne Zwang, die Art zu erhalten und zu fördern.

Diese ethische Einstellung ist es auch, die immer wieder zur Frage führt, ob wir auch den Laich- und Bruträuber – etwa die Quappe und den Döbel – schonen sollten oder gar schonen müssen. Die Salmonidenfischer werden darauf mit einem entschiedenen Nein antworten. Sie wollen unter allen Umständen ihre Edelfische vor deren Feinden geschützt wissen. Und doch müsste man Verständnis dafür haben, wenn ein feinsinniger Fischer, der seine Weidgerechtigkeit im wesentlichen konsequent aus der Ethik herleitet, jeden Fisch in seiner Fortpflanzungszeit schont. Dabei bewusst die Schäden in Kauf zu nehmen, die durch eine solche Duldung der Vermehrung von ausgesprochenen Feinden edlerer Fische entstehen, dazu gehört schon Charakter und Größe. Andererseits kann man durchaus die Ansicht vertreten, dass eine solche Haltung nun doch unsere Weidgerechtigkeit überfordert. Und ganz selten wird es der Fall sein, dass man zugunsten des biologischen Gleichgewichts die Laichräuber als „Gesundheitspolizei“ oder zur Regulierung eines Übergewichts anderer Fischarten schützen müsste. In der Regel ist es umgekehrt: Die Laichräuber sind in der Lage das biologische Gleichgewicht ganz empfindlich zu stören. Bei den anerkannt schädlichen Quappen kommt noch hinzu, dass sie zu anderen Zeiten als zur Laichzeit nur schwer an die Angel gebracht werden können, während man Erfolg hat, wenn sie sich zur Fortpflanzung an ganz bestimmten Stellen versammelt haben. Also auch aus dieser Tatsache können wir die Berechtigung des Fanges in der Laichzeit herleiten. Befinden wir uns dabei doch in Gesellschaft der Jäger, die aus ähnlichen Gründen auch in der Brunft und in der Balzzeit oder während des Schnepfenstrichs den Hirsch, den Auerhahn und die Schnepfe jagen, ohne dass es gegen die Weidgerechtigkeit verstößt. Aber wie schon angedeutet, steckt in diesen Dingen wieder einmal der Stachel der Unvollkommenheit. Bejagung und Fang von Wild jeder Art in den Wochen oder Monaten der Paarung wird weiterhin ein umstrittenes Problem bleiben, über das sich noch mancher Tierfreund, Jäger und Fischer den Kopf zerbrechen wird.

Noch eindrucksvoller als die Schonzeiten zeigen die gesetzlich festgelegten Mindestmaße, wie sehr dem Fischer daran liegt, seinen Fischbestand zu erhalten und zu vermehren. Mit dem Erwerb der ersten Fischkarte lernt der Anfänger die Schonzeiten und Mindestmaße kennen, wenn er nicht bereits damit vertraut ist, was natürlich viel mehr zu begrüßen wäre. Aber oft genug kennt er schon diese Mindestmaße, ehe er überhaupt in der Lage ist, sie den richtigen Fischen zuzuordnen, den Junghuchen von der blassen Varietät der See-, Bach- und Regenbogenforelle, den Barsch vom Jungzander zu unterscheiden. Also wird auch hier wieder klar, dass eine gute Kenntnis der Fische das A und O des Fischers überhaupt sein muss. Diese Forderung soll nun nicht soweit gehen, dass der Anfänger am oberbayerischen Bergfluss unbedingt die Makrele und der Petrijünger am Niederungsfluss der Bleiregion die Äsche kennen müsste. Aber sämtliche Fische seines Wassers müssen ihm bekannt sein, sonst haben die Mindestmaße und Schonzeiten für ihn keine reale Bedeutung. Und wer viel herumkommt, einmal im Süden, einmal im Norden, an der Küste und im Bergsee fischt, der hat die Verpflichtung, sich über die Fische jeden neuen Wassers vorher gründlich zu informieren. Nach Möglichkeit schließt er sich zunächst einem einheimischen Fischer an; denn es ist nur zu bekannt, wie viele untermassige Fische von Ignoranten gefangen werden, die aber im Zweifelsfalle guten Glauben für sich in Anspruch nehmen. Im Frühjahr ist es zum Beispiel jedem Liebhaber der frühen Fischweid auf Saiblinge in den oberbayerischen Seen immer von neuem ein schwerer Kummer, dass eine untermassige Seeforelle nach der anderen gefangen wird. Sie alle werden dann prompt als blassgezeichnete Bachforellen angesprochen. Man kann wohl mutmaßen, dass am katastrophalen Rückgang unserer Seeforelle das vorzeitige Wegfangen der so schnellwüchsigen, noch nicht laichreifen Exemplare unter 60 cm mit schuld ist.

Schon dieses eine Beispiel, dem sich manche ähnliche anfügen ließen, zeigt die Tragweite solcher Unkenntnis oder solchen Irrtums. Denn unter dem Mindestmaß, das bekanntlich in den meisten Fällen die allerunterste Grenze der Reife, des „Erwachsenseins“ und der Fortpflanzungsfähigkeit darstellt, wird fast immer ein unfertiges Wassertier aus seiner Entwicklung gerissen, das den Sinn seines Lebens, seine Art zu erhalten, noch gar nicht verwirklichen konnte. So etwas mit beißender Ironie als „Kindermord“ zu bezeichnen, ist gar nicht so abwegig! Der Anfänger muss sich dieses fatale Wort als ernste Zurechtweisung gefallen lassen; für den Leichtfertigen aber, dem man die Fischkenntnis zumuten müsste, ist es immer eine schwere Anklage. Der Kundige verstößt mit jedem Fang eines untermäßigen Fisches nicht nur bewusst gegen das Gesetz, er missachtet auch den ethischen Grundsatz, der jedem Lebewesen das Recht auf Erfüllung seines Lebens zuspricht. Wenigstens einmal soll sich der Fisch fortpflanzen können, das ist der Sinn der meisten Mindestmaße. Und auch dieses ist - analog den Daten des Beginns und des Endes der Schonzeiten - eine recht einfache und viel zu bescheidene Mindestforderung. Sicher wollen wir zwar nicht, dass sich überalterte und schon degenerierende Fische immer wieder fortpflanzen und damit genetisches Unheil anrichten. Aber zwischen dieser Übertreibung und einer einzigen Fortpflanzungsmöglichkeit nur im ersten Jahre der Lebensreife liegt nun doch ein weites Feld. Zweimal und dreimal, sozusagen in seinen besten Jahren, sollte auch der Fisch seine Art vermehren können, das müsste im Bestreben jedes Fischers liegen, nicht nur des Angelfischers. Aber Ausnahmen bestätigen auch hier die Regel. Abgesehen von den besonderen Erfordernissen der Teichwirtschaft kann ein einseitiges Überhandnehmen einer bestimmten Art eine strikte Einhaltung des Mindestmaßes, ausnahmsweise auch eine Unterschreitung, kategorisch fordern; insbesondere, wenn andernfalls das so wichtige biologische Gleichgewicht im betreffenden Wasser gestört wird. Dieses sollte für den Angelfischer immer maßgebend sein, während in gewerblich bewirtschafteten Gewässern die Ausrichtung auf bestimmte Fischarten eine völlig andere Handhabung bestimmter Mindestmaße rechtfertigen kann.

In jedem Falle aber sollte man bedenken, dass die von Jahr zu Jahr zunehmende Vervollkommnung der Fangmethoden und Intensität der Befischung tatsächlich imstande sind, in absehbarer Zeit alles herauszufangen, was das Mindestmaß überschreitet. Denken wir nur an die Unsichtigkeit moderner Netzmaterialien und Schnüre. Denken wir auch an die zunehmenden Fertigkeiten aller Fischer, an deren Fähigkeiten moderne Geräte viel weniger Ansprüche stellen als früher. Nur als eines von vielen Beispielen sei dabei die Stationärrolle mit ihrer kinderleichten Handhabung und ihrer großen Reichweite erwähnt. Da liegt in übersehbaren und wenig gegliederten Wassern mäßiger Tiefe, deren Ufer überall zugänglich, also ohne schützenden Schilfgürtel sind, tatsächlich die Gefahr nahe, dass sich nur eine Altersklasse fortpflanzt. Sind für deren Laichzeit einmal in einem Jahre oder gar mehrere Jahre hintereinander, was in der Natur immer wieder vorkommt, die äußeren Umstände der jahreszeitlich so variablen Wettereinflüsse aller Art recht ungünstig, dann kann es schnell zu einem empfindlichen Rückgang der fraglichen Fischart kommen, weil ganze Jahrgänge ausfallen und die Reproduktionskette womöglich abreißt. Wie schwer es dann ist, den Bestand wieder aufzubauen, das wissen wir alle aus der Praxis. Dann heißt es, sich jahrelang fühlbare Opfer und Verzichte aufzuerlegen, die bei einiger Mäßigung beim Fortfang der Maßfische leicht hätten vermieden werden können.

Diese Schrift soll nun kein Fachwissen vermitteln, sondern nur die Prinzipien und Gebote der Weidgerechtigkeit im Verhältnis zum Fisch und allen fischereilichen Dingen behandeln. Doch können einige Beispiele recht eindrucksvoll zeigen, wie eine weidgerechte Überschreitung der Mindestmaße, oft mit einem wirtschaftlichen Vorteil verbunden, immer ein guter Beitrag zur Hege der Fischbestände ist.

Forelle:

Mit keinem Fisch ist selbst über die Kreise der Angelfischer hinaus der Begriff des Mindestmaßes so verbunden, wie mit der Bachforelle. Das Maß von 25 cm ist heute dem Händler und dem Gastwirt, oft sogar auch der Hausfrau geläufig, was aber leider bei vielen anderen Süßwasserfischen durchaus nicht der Fall ist. Nun ist das bei einem so typischen Vertreter der deutschen Wasserfauna verständlich. Die Bachforelle ist in Bergbächen, in Flüssen und Seen, nicht zuletzt auch in den Bächen der wald- und wiesenreichen Niederungen zwischen den Alpen und der Küste vertreten. Eigentlich müsste man sagen war vertreten, denn die Bestände an Bachforellen sind in wenigen Jahrzehnten durch Umweltsünden und Gewässerbegradigungen bis an die Grenze des Aussterbens dezimiert worden. Vielerorts gibt es diesen Fisch gar nicht mehr.

- Auch vom Standpunkt des Angelfischers ist gegen das Maß von ca. 25 cm nichts einzuwenden. In gut besetzten, reinen Forellenwassern wird man sogar diese Altersklasse kurz halten, um einer mäßigen Anzahl von älteren Forellen die scharfe Nahrungskonkurrenz zu vermindern. Anders ist es aber in den heute leider so verbreiteten Forellenwassern, deren Ruf lediglich auf dem sagenhaften Forellenreichtum früherer Zeiten, keineswegs aber auf dem heutigen Bestand gegründet ist. Hier ist es geradezu eine materielle, wirtschaftliche Erwägung, die uns das Mindestmaß auf 30 cm und mehr erhöhen lässt und so den drei- und viersömmerigen Fischen ein Fortkommen sichert. - Daneben sollen wir auch in diesem Zusammenhange wieder bedenken, dass es ein folgenschwerer Unterschied ist, ob man Anfang März eine 25 cm lange Forelle mit großem Kopf und überschlankem Körper, deren Fleisch strohig und fade im Geschmack ist, oder Ende Juni eine wohlgerundete Trutta fario der gleichen Größe mit festem, aromatisch-saftigem Fleisch fängt. Ein kleiner Beweis mehr, wie sich fast überall im Leben die gelungene Form der Zweckmäßigkeit mit unseren Vorstellungen von Schönheit und Ästhetik deckt.

Für die sogenannte Steinforelle, die langsamwüchsige Forelle der sehr steinigen, nahrungsarmen und ständig sehr kalten Bergbäche, sollte dagegen immer eine Sonderregelung Geltung haben. Bei dieser fast als Zwergrasse zu bezeichnenden Art, den Liliputanern ihrer Spezies, deren Fortpflanzung sicher auch durch Inzucht nachteilig beeinflusst wird, sind 20 cm als Mindestmaß sicher nicht zu hoch gegriffen. Dass dabei dieses Maß auch tatsächlich nur auf die wirklichen Steinforellen, nicht aber auf die durchaus normalen Salmoniden der reich mit Pflanzen bewachsenen, nahrungs- und fischreichen Bäche mancher grünen Alpentäler Anwendung findet, dafür müsste durch verordnungsmäßige Beschränkung auf ganz bestimmte Bachstrecken immer gesorgt sein. Als kleiner Hinweis, der aber keinen Anspruch auf Allgemeingültigkeit erheben soll, möge dienen, dass auch das Kleid der

Steinforelle eine Liliputausgabe ist. Sie zeichnet sich oft aus durch ihre reiche Buntheit, durch die so zahlreichen roten Punkten, so dass schon eine 15-cm-Steinforelle wie eine Miniaturausgabe einer normalgroßen Forelle aussieht.

Äsche:

Für die Äsche gelten, außer in Süddeutschland, mancherorts noch Mindestmaße von unter 30 cm, teilweise von nur 25 cm. Kein Wunder, dass dieser feine Edelfisch in Wassern, in denen dieses unzulängliche Mindestmaß gilt, immer mehr zurück geht; denn eine 25-cm-Äsche ist im Allgemeinen überhaupt noch nicht laichreif. Erst ab 30 cm tritt in der Regel Geschlechtsreife ein, so dass es notwendig und richtig ist, das Mindestmaß auf etwa 35 cm festzusetzen. Aber auch diese kleinen Äschen sind nach unserer Auffassung noch als Jugendform anzusehen, stehen meist an den seichteren Rändern der Gumpenausläufe, lassen sich leicht mit der Kunstfliege übertölpeln und stellen weder an die Festigkeit des Fliegenvorfachs noch an die Fertigkeit des Anglers irgendwelche höheren Anforderungen. In der schärferen Strömung steht die Äsche erst ab 36-37 cm Länge, entwickelt dann erst ihr blitzartiges Steigen und wird erst in diesem kraftvollen Stadium durch ihren unvergleichlichen Befreiungskampf zum hochgeschätzten Fangobjekt der leichten und leichtesten Flugangel. Der Äschenfischer wird deshalb keine 35-cm-Äsche, die er versehentlich fing, mitnehmen. Fliegenfischer mit Stil legen ihr persönliches Mindestmaß selten unter 40 cm Länge fest, sonst gefährden sie ihr Ansehen, das sie sich mit der Beherrschung der eleganten Kunst des Fliegenfischens auf Äschen erworben haben. Dass dieses Verhalten dem Äschennachwuchs gute Entwicklungschancen gibt und auch einen augenfälligen wirtschaftlichen Nutzen hat, versteht sich von selbst. – Dennoch gingen und gehen die Äschenbestände fast überall in den letzten Jahren dramatisch zurück. Die Ursachen dieser Entwicklung sind vielgestaltig, wobei allerdings die explosionsartige Vermehrung des Kormorans eine Hauptursache ist.

Hecht:

Das Mindestmaß des Hechtes ist in den Ländern Deutschlands sehr verschieden und liegt zwischen 40 und 50 cm. 40-cm-Hechte aber sind oft erst zwei Jahre alt und durchaus nicht immer in der Lage gewesen, sich fortzupflanzen. Das 40-cm-Mindestmaß ist deshalb in freien Wassern abzulehnen. Nur in wirtschaftlich genutzten Abwachsteichen hat es noch Berechtigung, wo es darauf ankommt, Satzhechte oder leicht verkäufliche, kleine Hechte bis zu 500 Gramm Stückgewicht heranzuziehen. Bei dem sicher nicht zu hoch gegriffenen Maß von 40 cm aber hat der Hecht nicht nur die Möglichkeit, sich noch einmal fortzupflanzen, sondern er wächst dann auch auf 40-45 cm Länge heran und wiegt dann bis zu 800 Gramm. Das bedeutet neben dem wirtschaftlichen Vorteil doch auch, dass er dann erst für den Angelfischer interessant wird. Zweifellos ist bei den heute so gelichteten Hechtbeständen ein Mindestmaß von mindestens 50 cm anzustreben, bei dem im freien Wasser allein gute Vermehrungsmöglichkeiten gegeben sind.

Huchen:

Der Huchen ist einer unserer schnellwüchsigen Fische. Bei guten Nahrungsverhältnissen erreicht er seine Laichreife häufig schon bei einer Länge von 70 cm und ein Gewicht ab 3 kg. Deshalb muss immer von neuem die Forderung nach noch weiterer Erhöhung des Mindestmaßes erhoben werden. Es ist erfreulich, dass dieses im Laufe der letzten Jahrzehnte immerhin auf 80 cm und darüber heraufgesetzt wurde. Sicher ist das ein Grund dafür, dass dem Aussterben dieses herrlichen Raubfisches ein gewisser Einhalt geboten wurde und heute die Huchenbestände in

Wassern, die nicht zu sehr durch Regulierungen und Abwässer verdorben wurden, wieder zu gewissen Hoffnungen berechtigen. Wer aber aus eigener Erfahrung oder aus dem Schrifttum weiß, wie vieler Fahrten zum Fischwasser es bedarf, um heute überhaupt einmal einen gut massigen Huchen zu fangen, und wer mit diesem Aufwand die relativ häufigen Fänge vor etwa 40 bis 50 Jahren vergleichen kann, wird sofort zum Mitkämpfer für ein weiteres Heraufsetzen des Mindestmaßes. Es sei nur erinnert, dass Altmeister Karl Heintz in seinem Fischerleben mehr als 800 Huchen in bayerischen Gewässern fing – die Mehrzahl weit über 80 cm Länge. Viele Fischwasserbesitzer, -pächter und Fischereivereine, die über Huchenstrecken verfügen, hadern zu Recht, einen Huchen von gerade einmal 80 cm überhaupt dem Wasser zu entnehmen. Grundsatz sollte bei diesem gefährdeten und seltenen Fisch sein, dass er mehrmals die Chance hatte, sich am Laichgeschäft zu beteiligen. Und das erzwingt ein radikales Nachdenken über weitere Mindestmaßerhöhung für diesen Fisch!

Ähnliche Überlegungen ließen sich bei jedem Fisch anstellen, der uns Angelfischer interessiert. Es sollten aber nur einige markante Beispiele aufgezeigt werden, um zu beweisen, dass die gesetzlichen Mindestmaße durchaus nicht immer den Geboten der Weidgerechtigkeit genügen. Nun schmunzelt mancher Nichtfischer, wenn der Angler sein Maßband zückt. Auch Angelfischer der alten Schule finden es oft überflüssig oder gar unwürdig, wenn bei jedem gefangenen Fisch Maß genommen wird. Natürlich sollte man das Untermaß bei jedem Fisch sofort erkennen und den gefangenen Fisch nicht lange mit Messen und Wiegen quälen, wenn er ganz augenfällig zu klein ist. Aber das ungeschulte Auge des Anfängers braucht unbedingt die Maßskala, wenn er einmal den ersehnten ersten Hecht oder Karpfen gehakt und an Land gebracht hat. Das Augenmaß, die Handspanne, der Rutengriff usw. sind gar zu variabel und unzuverlässig. Dabei ist dann zu oft der Wunsch der Vater des Gedankens. Mit gutem Recht kann man die Forderung vertreten, dass jeder Fischer immer ein handliches Maß mit sich führen muss, sei es als Maßstab, als Maßband, als Zentimeterskala auf dem Kescherstock oder als zentimeterweise unterteilte Markierung auf dem Rutengriff. Nur so kann derjenige, der sich selbst gern etwas vormacht, aus dem Reich der Illusionen zurückgeholt werden in die nüchterne Wirklichkeit, wo nicht mit besitzesfreudigen Augen, sondern mit realen Zentimetern gemessen wird!

Aber darüber hinaus ist es überaus interessant und lehrreich, wenn man jeden Fisch sofort misst und mit der Handwaage wiegt, nach Möglichkeit auch sofort sein Geschlecht und seinen Ernährungszustand im Fangbuch festhält. Das sind die Grundlagen der Statistik, die für die Beurteilung eines Wassers und für alle Hege- und Besatzmaßnahmen nötig sind. Ganz zu schweigen von den Freuden, die ein Nacherleben der aufregenden Umstände des Fanges beim besinnlichen Durchblättern solcher Aufzeichnungen bietet. Es ist menschlich verständlich, wenn vom unerfahrenen Jungfischer ein untermassiger Fisch mit Unwillen oder gar mit einem Fluch und Enttäuschung seinem Element zurückgegeben wird. Und es ist Ausdruck von Reife, wenn der Seniorfischer zunehmend beherrschter wird und dem zu jungen Fisch einen Segenswunsch nachschickt. Wer sich aber die vorstehenden Überlegungen zueigen gemacht und Liebe zu jeder Kreatur hat, was für den echten Angelfischer doch nur selbstverständlich ist, der wird jeden untermaßigen Fisch mit behutsamen und zuvor benäßten Händen vom Haken lösen, ihn sorgsam wieder ins Wasser gleiten lassen und sich von Herzen darüber freuen, wie behende und freiheitstrunken er davonschießt.

Zweitens: Hege der Fischbestände

Es ist noch gar nicht lange her, dass der Angelfischer es als ideal ansah, wenn die von ihm besonders geliebte Fischart in einem Wasser überwog. Ein Forellenbach sollte nur Forellen aller Altersklassen enthalten. In einem kleinen See, einem Altwasser oder in den Gumpen, den Rückläufen und der ruhigen Mündung eines Flusses sollten fast nur Hechte für seine Spinnangel bereitstehen. Im zügigen Fluss aber erwartete er an allen tieferen Stellen, hinter jedem Stein, hinter jedem Brückenpfeiler und in jedem Mühlschuss oder Wehrunterlauf nur Scharen von großen und kleinen Barben. Die Erkenntnis, dass eine solche einseitige Herrschaft eines Fischvolkes ein Unding ist, einem naturgemäßen Aufbau geradezu widerspricht und deshalb nicht lange von Bestand sein kann, hat sich erst in den letzten Jahrzehnten immer mehr durchgesetzt, so dass es heute fast wie ein Schlagwort klingt, wenn vom „biologischen Gleichgewicht" die Rede ist. Es liegt der Verdacht nahe, dass jeder unter „biologischem Gleichgewicht" etwas anderes versteht, und dass er sich dieses für sein Wasser zurechtgelegt hat, um letzten Endes bei seinen Fängen und Einsätzen doch wieder nur bestimmten Fischen den Vorrang zu geben. Um solche Verfälschungen vermeiden zu können, müssen wir uns immer wieder den ursprünglichen Sinn eines biologischen Gleichgewichts im Fischwasser klarmachen.

In erster Linie werden die Fischarten eines Wassers von der vorhandenen pflanzlichen und tierischen Nahrung bestimmt, die ihrerseits wieder vom Typus des Wassers abhängig ist. Ob nun ein gesundes Verhältnis der Altersklassen innerhalb dieser Fischarten bestehen kann, dafür ist wiederum das Vorkommen der notwendigen Menge dieser Nahrung Voraussetzung. Art und Menge der Nahrung sind auch maßgebend dafür, ob noch andere Fischarten daneben existieren und sich entwickeln können. Und schließlich gehören zu einem solchen Gleichgewicht auch Art und Anzahl, Größen und Altersklassen der für diesen Staat der Fischvölker notwendigen Gesundheitspolizei, der Raubfische, denen ja vorwiegend die kranken und zurückgebliebenen Fische zum Opfer fallen, die ohnehin nicht zur Nachzucht taugen. So haben in einem bestimmten Wassertypus nur bestimmte Fische bis zu einer begrenzten Zahl und einer maximalen Größe ihren Platz. Wenn diese Harmonie oder dieses Gleichgewicht durch irgendwelche Maßnahmen des Fischers oder durch Veränderungen der Umwelt gestört wird, dann vermehrt sich oft eine Fischart auf Kosten einer anderen. Die naturgemäße Ausgeglichenheit ist dann meist für lange Zeit, oft gar für immer, dahin. Das ist für ein Wasser auf die Dauer immer ein Nachteil. Fördert der Salmonidenfischer einseitig Forelle, Äsche und Huchen, widmet er sich ausschließlich deren Fang und vernachlässigt deren Feinde, insbesondere Döbel und Barben, dann werden diese Laich- und Bruträuber bald die Oberhand gewinnen. Übervölkert der Hechtfischer sein Wasser vom Hecht-Schleisee-Typ mit Satzhechten, dann erreicht er zwar sein Ziel, dass seine Spinnangel erfolgreich ist, aber seine Bestände an Rotaugen, Rotfedern und Barschen – von Schleien und kleinen nachwachsenden Karpfen ganz abgesehen – sowie das ganze Volk der sonstigen Kleinfische werden nicht nur in Schach gehalten, sondern so dezimiert, dass die Hechte sich gegenseitig auffressen müssen. Und hegt und pflegt der Grundangler nur seine Karpfen und Schleien, und hält er dabei den Hecht und den Zander gar zu kurz, dann vermehren sich die Friedfische, neben den Karpfen und Schleien dann natürlich auch die fruchtbaren Weißfische aller Arten, ganz unnatürlich stark, so dass es in extremen Fällen sogar zu Krankheiten und Seuchen kommen kann. Vom Kümmerwachstum, der so genannten Verbuttung, ganz abgesehen. Das sind dann die Antworten der Natur, wenn sie durch unnatürliche Umstände oder Unverstand gestört wird.

Harmonie des Wasserlebens, also auch des biologischen Gleichgewichtes, setzt nun ein „natürliches Wasser" voraus. Wo aber gibt es dieses in unseren Breiten noch? In Europa vielleicht in Finnland und im Norden der skandinavischen Länder oder im fast unzugänglichen Innern des Balkans. Nicht aber in unserem allzu zivilisierten Mitteleuropa. Hier sind wir froh, wenn uns Regulierungen und Abwässer ein leidlich natürliches Gewässer übriggelassen haben, in dem ein ebenso leidliches biologisches Gleichgewicht herrschen kann. Wir haben uns damit abzufinden, dass dieses nicht mehr ideal sein kann. Doch können wir uns bemühen, wenigstens das Vorhandene mit allen Kräften zu erhalten oder sogar auch wieder zu verbessern. Das ist unsere Verpflichtung gegenüber der Natur und eine der vordringlichsten Aufgaben der Weidgerechtigkeit. Praktische Erfahrungen vieler Jahre und systematische Untersuchungen der Wissenschaften, die sich mit dem kostbaren Wasser befassen, neben der Atemluft der wichtigsten Lebensgrundlage für Pflanze, Tier und Mensch, bieten uns eine Reihe von Erkenntnissen, Mitteln und Methoden, deren Bedeutung und Anwendung jedem Angelfischer unbedingt geläufig sein müssen. Auf die äußere Gestaltung und die Güte oder Sauerstoffhaltigkeit des Wassers haben wir dabei leider nur indirekten Einfluss. Wir sind hierin übermäßig abhängig vom Verständnis und dem entsprechenden Verhalten der Wasserbaubehörden, der Gemeinden und der Industrie. Wie wir diesen gegenüber unseren Standpunkt zu vertreten haben, darüber wird noch zu sprechen sein, und als Einzelne können wir da meistens wenig ausrichten. Aber wir können am Wasser selbst in völliger Unabhängigkeit voneinander so manches tun und unterlassen, was den Fischbestand entscheidend beeinflussen kann.

Aus dem bisher Besprochenen wird klar, dass zunächst einmal die besonders großen Fische aus dem Fischwasser herausgefangen werden müssen. Hat der Fisch einmal eine bestimmte Größe überschritten, dann wird er zum schädlichen Nahrungskonkurrenten und nicht selten zum Vertilger der eigenen Nachkommenschaft. Das gilt für den Friedfisch genauso wie für den Raubfisch, wenn es auch zum Beispiel beim Karpfen nicht si sehr in Erscheinung tritt wie beim Döbel und dem ersten aller Räuber, dem Hecht. Da es im einigermaßen besetzten Hechtwasser gar keine Kunst ist, eine Anzahl Halbmeter-Hechte zu fangen, sollte schon dieser Umstand den Heger veranlassen, viel mehr Sorgfalt auf das Ausmachen und regelrechte Belagern des Großen zu verwenden, bei dessen Fang seine Jagdleidenschaft ebenso viel Befriedigung findet wie seine hegerische Sorge um seine übrigen Wasserbewohner. Der alte Fischerspruch, nach dem ein guter Fischer keinen großen Hecht im See hat, bestätigt das. Gefragt ist das „selektives Fischen“ im wahren Wortsinn; denn man versteht doch unter dieser neuen Bezeichnung für ein altes Gebot der Weidgerechtigkeit, dass man Zeit, Ort des Fischens und nicht zuletzt Art und Größe des Köders ganz auf die Absicht abstellt, einen bestimmten Fisch, meist aber den Kapitalen zu fangen. Fischt man im Oktober-November am ausgemachten Raubplatz mit großem Spinnfisch oder 9 bis 10 cm langem Blinker auf den Großhecht, sitzt man in der Dämmerung des Frühsommermorgens mit ansehnlich großer Kartoffel oder mit Boilie an der „Binsen-Straße“ oder „Kraut-Gasse“ auf bemooste Karpfenschwergewichte an, oder bietet man im April als Spinnköder die große Mühlkoppe am System mit entsprechend großem Haken oder den 6- bis 8-cm-Spinner am unterspülten Ufer der unteren Forellenregion an, dann fischt man „selektiv“. Das heißt: Man wählt Zeit, Ort und Köder so, dass die Aussicht besteht, die Großen zu locken und die Kleinen abzuschrecken. Der ewige Einwand der nur fangbesessenen Besserwisser, dass ja auch die mittleren und kleinen Fische den großen Köder nehmen und umgekehrt, überzeugt da nicht mehr. Freilich nimmt ganz selten einmal ein fangbarer Huchen die Äschenfliege, schnappt ein zweisömmeriger Hecht leider reichlich oft auf den 10-cm-Blinker oder würgt ein kaum pfündiger Döbel oder ein noch nicht zweijähriger Karpfen die große Kartoffel hinein. Doch ist das nur mehr oder weniger ärgerliche Begleitmusik auf dem durchaus richtigen Wege, den Großen zur Strecke zu bringen. Der mittleren und kleinen Fische sind viele, die großen aber sind selten. Deshalb lohnt sich das vorsichtige Abködern der zu räuberischen Gernegroße vom Spinner und das Erneuern des von den Halbstarken zerquetschten großen Pasten- oder Kartoffelköders auf die Dauer immer.

Wer sein Fischwasser längere Zeit hindurch nicht nur oberflächlich befischt hat, weiß genau, wo er seine kapitalen Stücke zu suchen hat und welche Strecken er meiden muss, um dem Nachwuchs nicht allzu wehe zu tun. Es ist sehr zu begrüßen, dass mehr und mehr Fischwasser-Bewirtschafter dazu übergehen, bestimmte Strecken als Schongebiete zu erklären, in denen überhaupt nicht gefischt werden darf. Das ist vor allem wichtig in Vereinen, wo eine größere Zahl von Fischern ziemlich regelmäßig ans Wasser geht. Es ist ja bekannt, dass in solchen Wassern alle größeren Fische übervorsichtig werden, während der unerfahrene Nachwuchs noch fleißig an die Angel geht. Man sollte also ausgesprochene Nachwuchsgebiete, so genannte „Kinderstuben" für jeden Fang sperren. Aber auch außerhalb dieser kann man so manche Praktiken anwenden, den Fang zu kleiner Fische zu vermeiden. So ist der Flugangler am Forellenwasser oft genug in der Lage, der ihm zu gering erscheinenden Forelle die Fliege sozusagen vor der Nase wegzuziehen. Oder er schlägt gar nicht erst an, wenn er merkt oder sieht, dass der Fang sich nicht lohnt oder besser gesagt, nicht in seinen Hegeplan passt. Das Nichtanschlagen ist nun allerdings eine Kunst der Beherrschung, die erst dem erfahrenen Fischer gelingt. Aber auch der bereits gehakte Fisch kann sich oft noch befreien, wenn die Schnur etwas zu locker gelassen wird. Der Fliegenfischer weiß das am besten, insbesondere wenn er die unbedingt zu empfehlenden und vielerorts auch geforderten widerhakenlosen Fliegen verwendet. Doch auch Grund- und Spinnangler haben diese Möglichkeit, durch Lockern der Schnur dem Fisch die eigene Befreiung zu erleichtern. Das ist immer besser, als wenn er beim Herausnehmen aus dem Wasser und bei der oft umständlichen Abköderung Gefahr läuft, an seiner empfindlichen Schleimhaut oder gar innerlich verletzt zu werden.

Der Weidmann sieht es als eine Hauptaufgabe der Hege an, den Bestand an gutem weiblichem Wild so groß zu halten, wie es sein Revier nur eben vertragen kann. Denn das weibliche Wild sichert ihm den Nachwuchs. Wenn sich diese Verhältnisse auch nicht pauschal auf die Fischerei übertragen lassen, so leuchtet doch ein, dass auch hier die mögliche Schonung der Rogner eine dringende Forderung der Weidgerechtigkeit sein muss, wenn sie überhaupt möglich ist, was wohl nur für bestimmte Zeiten zutrifft. Wir sind aber ganz wesentlich schlechter gestellt als der Jäger. Das Unterscheiden der Geschlechter bietet oft genug selbst den alterfahrenen Anglern Schwierigkeiten genug. Die Unterschiede sind meist nicht eindeutig und schon gar nicht augenfällig wie beim Wild. Aber es gibt eine Reihe von Anhaltspunkten für die Bestimmung des Geschlechts auch bei den Fischen, unter denen als die wenigen, allgemein bekannten zum Beispiel nur die Laichhakenbildung am Unterkiefer der männlichen Forelle oder die größere Basis der Rückenflosse bei der männlichen Äsche genannt werden sollen. Zweifellos muss es in Zukunft ein wichtiges Thema der Ausbildung in der Fischkunde sein, alle geschlechtsspezifischen Unterschiede zu bestimmen und systematisch ihre äußeren Formen zu lehren. Nun ist zwar nicht zu erwarten, dass der Angler diese Bestimmung der Geschlechter nach der äußeren Form oder nach bestimmten Kennzeichen so lernen wird, wie etwa der Fischzüchter seine Laichfische voneinander unterscheiden kann. Aber zwischen diesem in langer Praxis erworbenen Spezialwissen und der heute so verbreiteten Unkenntnis in weiten Anglerkreisen liegen doch noch viele Stufen, die eben in systematischer Ausbildungsarbeit nach und nach zu erklimmen sind. Dann wird es auch nicht mehr vorkommen, dass in den Wochen vor der Schonzeit weibliche laichreife Forellen mit bereits deutlich geformtem und gefärbtem Weidloch gefangen und mitgenommen werden. Die Gefahr, dass mehr weibliche als männliche Fische an die Angel gehen, liegt in bestimmten Zeiten des Jahres leider sehr nahe; denn die meist umfangreicheren Laichprodukte der Rogner brauchen zur Entwicklung ungleich mehr Kalorien als der männliche Samen der Milchner. So wird das Geschlechtsverhältnis wegen der höheren Beißfreudigkeit der Rogner nicht nur im Forellenwasser vielfach ungünstig beeinflusst. Das Erkennen der Geschlechter wird auch in Zukunft eine schwere Aufgabe sein, aber sicher keine unlösbare!

Nichts widerspricht einer sachgerechten Hege unserer Fischwelt und der Gewässerpflege mehr als ein ungehemmtes Fangen, wobei vielleicht gerade noch die Mindestmaße und Schonzeiten eingehalten werden und auch dieses nur mangelhaft, wenn keine Aufsicht und Kontrolle ausgeübt wird. Einstmals berühmte Forellenwasser wurden durch zu reichliche Ausgabe von Tageskarten gründlich ruiniert und haben heute keine Anziehungskraft mehr. Da haben kurzsichtige Fischwasserbesitzer, die an Sonn- und Feiertagen ein bisschen Geld erzielten und in Gebieten der Sommerfrische auch an Werktagen immer ein paar Karten ausgaben, einige Jahre gut gelebt und geglaubt, durch regelmäßiges Einsetzen von Jungfischen den Bestand auf der Höhe halten zu können. Sie hätten besser daran getan, die Kartenanzahl zu beschränken und für den Fang ganz bestimmte Vorschriften zu erlassen, welche die Verwendung allzu fängiger Köder verbieten und die Zahl der gefangenen Fische beschränken. Wo Tag für Tag mit Wurm, Koppen und Heuschreck gefischt wird, kann auf die Dauer kein guter Bestand verbleiben. Nichts gegen die Ausgabe von Tageskarten! Wir brauchen diese dringend für erholungsbedürftige Feriengäste und für den so wichtigen Erfahrungsaustausch und auch für die Erwirtschaftung vielfach unverschämt hoher Pachtpreise. Aber die Kartenausgabe muss planmäßig und verantwortungsbewusst erfolgen. Gerade hier heißt es abwägen, dass nicht mehr Fische herausgefangen werden, als gleichzeitig nachwachsen können. Der vernünftige Karteninhaber wird deshalb für die notwendigen Einschränkungen Verständnis aufbringen. - Es ist ein geflügeltes Wort, dass „die Fische immer weniger und die Fischer immer mehr“ werden. Das muss durchaus nicht überall zutreffen. In gut geführten Vereinen fischen heute sicher viel mehr Mitglieder am gleichen Wasser als früher. Aber durch Beschränkung der Fischtage, der Zahl der zu fangenden Fische und der Köderverwendung in Verbindung mit einer sinnvollen Erhöhung einiger Mindestmaße und eine der Wetterentwicklung elastisch angepasste Verlängerung von Schonzeiten erreichen sie, dass trotz größeren Andranges zu ihren Revieren der Fischbestand nicht abnimmt.

Alle diese Hegemaßnahmen haben aber keinen nachhaltigen

Erfolg, wenn nur einseitig, auf bestimmte Fische geangelt wird, worauf schon in anderem Zusammenhang hingewiesen wurde. Es ist verständlich, wenn ein bewegungsfreudiger Spinnangler mit dynamischem Temperament immer nur auf Hechte fischt, dass ein mehr beschaulicher Mensch seine ausschließliche Freude im Ansitz mit der Grundangel findet, oder dass der Fliegenfischer nur die Eleganz zu schätzen weiß, mit der er seine Trockenfliege servieren kann. Es sei ihnen von Herzen gegönnt. Aber sie dürfen dann nicht allein am Wasser sein, sondern es müssen andere Fischer im gleichen Revier auf die übrigen Fische angeln, damit das Gleichgewicht erhalten bleibt. Führt man diesen Ausgleich nicht herbei, dann leidet gerade die Fischart darunter, die der einseitige Fischer bevorzugt. Denn: Ihre Feinde oder Nahrungskonkurrenten nehmen durch diese ungewollte Schonung überhand.

Bei der Besprechung des Fischens mit lebendem Köder zu Anfang dieser Überlegungen wurden die Schäden des einseitigen Fischens schon einmal aufgezeigt. Wenn dort davon die Rede war, dass Fliegenfischer und Spinnangler als eine Art „Kavalierfischer" das Grundangeln als eine Angelmethode auf niederem Niveau ansehen, so muss gesagt werden, dass vom Standpunkt der Hege aus die Grundangel viel sinnvoller und weidgerechter ist. Denn mit ihr fängt man neben den verschiedenen Friedfischen ebenso – was nur ausnahmsweise zugelassen werden sollte – die Forelle und die Äsche, den Wels und nicht selten sogar den Hecht. Und in dieser Hinsicht ist die Spinnangel der Flugangel noch vorzuziehen, da sie sich in ihrer vielseitigeren Anwendbarkeit vom Liliputspinner bis zum Riesenlöffel, von der kleinsten Elritze bis zum halbpfündigen Spinnfisch an eine weitaus größere Serie von Fischen wendet als die künstliche Fliege. Die künstliche Fliege ist im Wesentlichen auf Forelle und Äsche, den nicht zu große Döbel und vielleicht noch auf einige Weißfischarten beschränkt, wenngleich natürlich modernes Nymphen- und Streamerfischen die Möglichkeiten des Fliegenfischens in letzter Zeit sehr erweitert und sinnvoll bereichert haben. Der spezialisierte Spinnangler und noch mehr der „Nur"-Flugangler, sie beide tun gut daran, recht oft von ihrem hohen Ross herabzusteigen, wenn sie sich von dem Vorwurf der durchaus nicht weidgerechten Einseitigkeit und der mangelhaften Hege freimachen wollen. Da aber der begeisterte Fliegenfischer nun einmal nicht widerstehen kann, wenn irgendwo irgendetwas „muckt“, so sollte er von Zeit zu Zeit regelrechte Grundangeltage einschalten, an denen er die Fliegenrute daheim lässt. Und wenn schon in einem Kreis solcher Salmonidenfischer „gepreisangelt“ werden muss, dann könnte das ihnen weniger Angenehme mit dem Nützlichen insofern verbunden werden, als der Ehrenpreis dem zuerkannt wird, der die meisten und schwersten Döbel aus einem Forellenwasser fängt!

Da wird der eine erschreckt feststellen, dass er ganz unbewusst auch zu dieser Kategorie der Kritisierten gehört, obwohl er glaubte, die oberste Stufe des weidgerechten Angelns erklommen zu haben. Der andere aber, der zudem über die nötigen Gelder verfügt, weiß nur zu gut, dass es Mittel gibt, auf andere Weise das durch ein zu sehr spezialisiertes Angeln gestörte biologische Gleichgewicht wieder herzustellen.

An geeigneten Plätzen können über Nacht Reusen eingelegt werden, die manchen schädlichen Weißfisch aus dem Salmonidenwasser herausfangen können, daneben aber auch die gefährlichen Quappe und nicht selten sogar den Hecht. Diese früher vielleicht aus weniger edlen, desto mehr materiellen Motiven durchaus verbreitete Methode der Regulierung des Fischbestandes verliert sich heute mehr und mehr, weil die unbewachte Reuse zu sehr den Fischdieb anlockt. Also muss man sich am leicht zugänglichen Fischwasser, besonders in der Nähe von Städten und Dörfern, die Nacht um die Ohren schlagen, wenn man Reusen auslegen will. Und welcher Berufstätige kann das heute? Wo aber unter den genannten Gesichtspunkten die Reuse Erfolg verspricht, ist sie auch heute noch ein wertvolles Mittel, Schadfische kurz zu halten. Dass sie den Fisch in seinem Freiheitsdrang stark behindert und deshalb nur als hegerische Notmaßnahme angewendet werden sollte, wurde schon betont.

Dann besteht an vielen Stellen, die wenig Strömung haben, die Möglichkeit, mit dem Stell- oder Zugnetz den Fischen auf den Leib zu rücken, die sonst an die Grundangel gehen. Das ist nur leichter gesagt als getan. Mancher Amateur auf diesem Gebiete hat schon feststellen müssen, wie schwierig es ist, selbst den simpelsten Mühlschuss mit dem Netz auszufischen. Ohne Boot geht es zumeist überhaupt nicht; denn die Wasserstiefel sind immer um die letzten Zentimeter zu kurz. Wathosen aber sind nicht jedermanns Sache. Also betreut man am besten mit einer solchen Netzfischerei einen Fachmann, der mit Netzen und Gehilfen anrückt, in anstrengender Schwerarbeit die Netze stellt oder zieht und zum Schluss als durchaus wohlverdienten Lohn eine Summe kassieren muss, die oft in keinem Verhältnis zum erzielten Nutzen für das Wasser oder gar zum Werte der gefangenen Fische steht. Deshalb wendet man heute die Netzfischerei wohl nur noch an erfahrungsgemäß besonders günstigen Stellen mit größerer Tiefe an, wo die Elektrofischerei versagen muss.

Damit ist das Stichwort für die Besprechung einer meist ergiebigeren Fangmethode gegeben, deren Bedeutung gerade für die Regulierung unserer oft in Unordnung geratenen Fischbestände von Tag zu Tag wächst. Ihre Anwendung ist für jeden Fall an eine behördliche Genehmigung gebunden, weil sie nicht nur imstande ist, ein kleineres Wasser restlos auszufischen, sondern weil der ins Wasser geleitete elektrische Strom auch dem Menschen gefährlich werden kann. Es ist schon aus diesem Grund zu begrüßen, dass das elektrische Fischen nur von dazu autorisierten Fischern ausgeübt werden darf. Daneben aber würde diese radikale Fangmethode ohne Genehmigungspflicht in der Hand von gewissenlosen Fängern zu großes Unheil anrichten. Sinnvoll angewendet aber kann sie gerade heute oft segensreich wirken; denn man kann mit ihr jederzeit in einem Fischwasser, das mäßige Tiefe und nicht allzu starke Strömung hat, eine Art Bestandsaufnahme oder Inventur durchführen, das Fischvolk sichten, die biologisch überzähligen und zu großen Fische herausnehmen und alle Laich- und Brutfeinde bis auf ein notwendiges Minimum ausmerzen. Was das zum Beispiel für ein mit Döbel und Barben belastetes Salmonidenwasser bedeutet, ist ohne weiteres klar. Nur sollte man eine Elektrofischerei nicht auf eine kurze Wasserstrecke beschränken, sondern in Zusammenarbeit mit den Anliegern eine Bach- oder Flußstrecke abfischen, die typusmäßig zusammengehört oder doch oben und unten durch natürliche oder künstliche Grenzen den dazwischen lebenden Fischen einen abgeschlossenen Lebensraum zuteilt. Sonst kann es passieren, dass von oben und unten in eine kleine, elektrisch gesäuberte Strecke innerhalb weniger Tage oder Wochen die unerwünschten Gäste wie in ein Vakuum wieder einströmen.

Es lohnt sich schon, dass sich der Angelfischer mit der Anwendung dieses in vielen Fällen durchaus weidgerechten Regulativs befasst. Uns ist damit ein Mittel in die Hand gegeben, das durch vielerlei unnatürliche Eingriffe verfälschte oder zerstörte biologische Gleichgewicht in übersehbaren Fischwassern wieder herzustellen oder doch zu verbessern. Nur muss die Leitung in Händen verantwortungsvoller Fischer liegen, die ganz konsequent nach einem vorher überlegten Plane handeln und keinerlei Einflüsterungen von Mitfischern unterliegen, deren Beherrschung dem unerwartet sichtbaren Fischsegen nicht gewachsen ist, und die, wären sie unbeaufsichtigt, in einer Art Blutrausch wie der Fuchs im Hühnerstall hausen würden.

Die Vorteile der Elektrofischerei sind also recht plausibel und einleuchtend, wenn wir sie aus einem nur praktischen, aber vielleicht zu materiell-technischen Gesichtswinkel betrachten. Die beabsichtigten Erfolge sind da, die Bestandsaufnahmen ermöglichen einen ganz neuen Aufbau im Zusammenleben des Fischbestandes. Und doch erfasst – den naturverbundenen Menschen, der noch imstande ist, sich nicht nur mit dem Verstand allein, sondern mit dem Gefühl rein intuitiv in das Naturgeschehen zu stellen, ein bedrückendes Unbehagen, wenn alles Lebende zwischen den beiden Elektroden der „Elektroschock" ereilt. Er weiß nur zu gut, dass jeder technische Eingriff in die Natur unvorhergesehene Folgen hat. Steht nicht zu befürchten, dass die mehrfach wiederholte Konstruktion eines elektrischen Feldes im Fischwasser biologische Veränderungen zur Folge haben kann, die durchaus nicht der Natur entsprechen? Und die keineswegs beschränkt zu sein brauchen auf die Fische, sondern sich auch auf die ganze Makro- und Mikrofauna und -flora erstrecken kann? Darüber wissen wir noch wenig. Aber wir brauchen nicht weit auszuholen, um die tragischen Folgen aufzuzeigen, wenn der Mensch mit seiner Technik die Natur korrigieren wollte.

ROBERT JUNGK hat in seinen Werken erschütternde Beispiele gebracht, die uns zu denken geben sollten. Und wir wissen aus eigenster Erfahrung, was technische Eingriffe jeder Art der Fischwelt antun können. Wir müssen also unsere Vorbehalte anmelden und sollten die Elektrofischerei nur recht behutsam anwenden, nur da, wo andere Mittel versagen. Wo Zivilisation und Technik Unheil angerichtet haben, da ist wohl auch eine Wiedergutmachung durch eben diese Technik angebracht. Und mit solcher unheilvollen Technik ist in unserem Falle neben den nur zu bekannten Zivilisationsschäden wohl auch die Maßlosigkeit einseitigen Fangens nur bestimmter Fischarten mit allen Raffinessen moderner Fangtechnik gleichzusetzen. Wo aber unsere Gewässer noch wenig berührt sind von so schwerwiegenden Eingriffen, weil sie entsprechend ausgedehnt, abgelegen oder sonst wie wild und urig geblieben sind, da sollte man die Elektroden nicht hineinversenken. Nenne man uns ruhig weltfremd und sentimental, wenn wir gegen den Versuch protestieren, solchen Wassern durch den elektrischen Strom ihr Geheimnis zu entreißen. „Der Mensch versuche die Götter nicht ...!“

In diesem Zusammenhang müssen wir uns auch darüber klar sein, dass das Einsetzen von erbrüteten und aufgezogenen Jungfischen eine vordringliche Maßnahme der Hege und Pflege, ebenso eine Art von Wiedergutmachung ist. Allerdings ist diese Wiedergutmachung gar nicht so uneigennützig. Sie soll uns ja diejenigen Fische wieder heranwachsen lassen, denen wir zu sehr nachgestellt haben und die wir in möglichst großer Menge wieder fangen möchten. Und deshalb kann man dieses Regulieren des biologischen Gleichgewichts ohne Einschränkung gutheißen, wenn Art und Zahl der Setzlinge, die dem Wasser anvertraut werden, auch tatsächlich hineinpassen. Das kann heute jeder Fischereibiologe beurteilen. Entgegen dessen Rat Experimente mit Setzlingen vorzunehmen, für die das ihnen zugedachte Wasser eine fremde und ihnen nicht zusagende Welt ist, kann nicht selten als Tierquälerei bezeichnet werden. Denn der Setzling ist dann von Anfang an nicht in seinem ureigenen Elemente, quält sich vielleicht mühsam durch sein kurzes Dasein und entwickelt sich günstigen Falles zu einer Kümmerform. Also sollten in erster Linie immer nur Sömmerlinge derjenigen Fischart in das Fischwasser kommen, die im Wesentlichen herausgefangen wird. Nebenbei sei aber bemerkt, dass in der Fischzucht und in der Teichwirtschaft auch hier wieder andere Richtlinien gelten, weil es dort darauf ankommt, dass in geschlossenen Gewässern durch künstlich geförderte oder regelmäßig verabreichte Nahrung eine möglichst große Anzahl von Fischen einer bestimmten Sorte recht schnell zu einer Standardgröße heranwachsen soll.

So sehr es nun zu begrüßen ist, dass sich in einer Gemeinschaft von Angelfischern immer recht viel Freiwillige an dem jährlich im Frühjahr oder im Herbst wiederkehrenden Besatz beteiligen, so sehr ist anzuraten, dass mit der Leitung nur ein wirklich einsatzkundiges Mitglied betraut wird, in Vereinen wohl in der Regel der ausgebildete Wasserwart. Denn die unerfahrenen, bisher regelmäßig gefütterten und noch von keiner Gefahr bedrohten Satzfische, die zudem in ihren Aufzuchtteichen immer das ihnen zusagende Wasser hatten, müssen behutsam ihrer neuen Umgebung anvertraut werden. Hierfür gelten manche Erfahrungsregeln, die sorgsam studiert und beachtet sein wollen. Es würde zu weit führen, sie hier zu erläutern. Wo aber immer noch solche Kardinalfehler gemacht werden, dass zum Beispiel kein Temperaturausgleich vorgenommen wird, wo also etwa der Inhalt des Transportgefäßes in ein Wasser viel tieferer Temperatur einfach ausgeleert wird, da erhalten die kleinen Fischchen einen nicht wiedergutzumachenden Schock, der Beginn von Krankheit und baldigem Ende sein kann. Nach langsamer und sorgfältiger Vermischung des Gefäßwassers mit dem Fluss- oder Bachwasser die Setzlinge nur in kleinsten Gruppen im seichtesten Wasser zu verteilen, also den mäßig gefüllten Eimer oft hunderte von Metern am Ufer entlang zu schleppen und immer wieder das Ufer herauf und herunter zu klettern, das erfordert schon viel guten Willen und eine wirklich weidgerechte Gesinnung.

Sich zu freuen, wie der Setzling gleich in den nahe Gumpen schießt oder in die Tiefe strebt, ist genau so töricht, wie zu glauben, dass größere Gruppen in der gewohnten Gesellschaft in ruhigem Wasser zunächst beisammenbleiben sollten. In beiden Fällen werden sie unglaublich schnell die Beute des nächsten lauernden Räubers. Deshalb kann die Mühsal gar nicht groß genug sein, Satzfische so weit wie möglich an sehr seichten Stellen, zwischen Steinen und Strauchwerk, auch nach oben durch herbeigeschaffte Zweige verdeckt, und vorzugsweise in kleinen und kleinsten Zuläufen zu verteilen. So schaffen wir dem Setzling den so wichtigen ersten Schutz. Dass dennoch ein großer Prozentsatz von ihnen den vielen Fischfeinden zum Opfer fällt, wissen wir nur zu genau. Nur in unablässig und mit viel Aufwand gehegten und betreuten Fischwassern entgeht ein größerer Teil der Setzlinge, in günstigsten Ausnahmefällen vielleicht sogar die Hälfte den von oben, von unten und von allen Seiten drohenden Feinden. In größeren, freien Wassern, in denen man die Fische nicht so „in der Hand" hat, rechnet man dagegen, dass kaum 10% zu fangbarer Größe heranwachsen und das nur in günstiger Umwelt. Es wäre gut, diesen Erfolg näher zu kennen, um weitere Schlüsse daraus ziehen zu können. Deshalb ist es ermutigend, dass Lehr- und Versuchsanstalten für Fischerei heute schon imstande sind, Fischchen von etwa 10 cm aufwärts zu markieren. Auf diesem Gebiete können wir weitere Erfolge erwarten, zum Beispiel unverlierbare Kleinstmarken, elektronische Chips oder bleibende Tätowierungen, so dass wir später sicher viel besser wissen werden, was aus unserem Einsatz geworden ist. Die bisherigen Ergebnisse von Großversuchen berechtigen zu großen Hoffnungen.

Drittens: Pflege der Gewässer

Wir haben, wie zuvor bedandelt, verschiedene Möglichkeiten die Fischbestände in ihrer arten- und zahlenmäßigen Zusammensetzung unmittelbar zu beeinflussen. Darüber hinaus aber können und müssen wir den Fischen die Umwelt, die Weidegründe, die Lebens- und Fortpflanzungsräume – kurz: ihr Biotop schützen und gestalten. Wenn bei deren Aufzählung und Betrachtung diesem oder jenem Fischer der Gedanke kommt, dass diese unsere Hilfestellungen letzten Endes ja doch nur wieder den Endzweck haben, recht viele und schöne Fische aus einem solchen hintergründig zweckbetont geschaffenen Fisch-Dorado herausfangen zu können, dann kann man sie nur auf die geradezu liebevolle Sorgfalt hinweisen, mit der wir heute zum Beispiel auch unsere Kühe, Schweine und Schafe umhegen. Modernste Ställe mit behaglicher Streu und wohlschmeckendem Futter, saftige Weiden mit schattigen Ruheplätzen, alles ist nur für ihr Wohlbehagen und Wohlergehen hergerichtet. Mehr noch beeindruckt uns die Hege des Jägers und des Försters, wenn sie ihrem Wild Futterstellen schaffen, ihnen dichte Unterholzbestände als Wohnstätten und Schlupfwinkel belassen und sogar für sie eigens bestimmte Futterpflanzen ansähen. Freilich tun wir dieses alles bewußt oder unbewußt, um unsere Nahrungsgrundlage zu verbessern, unsere Tiere zu nahrhaftem und schmackhaftem Schlachtvieh und zu abschußreifem Wild heranwachsen zu lassen. Und freilich sind wir auch hier nur ein Rädchen im großen Uhrwerk der Natur, das nur laufen kann, wenn das eine Wesen vom anderen lebt. Aber wir Menschen haben uns auch hier über die Natur erhoben und schaffen der Kreatur, von der wir leben müssen, wenigstens für die ihr zugemessene Zeit eine Umwelt, die sozusagen für sie so angenehm und erträglich wie möglich ist. Das ist eine humane Haltung im durchaus nicht immer und überall humanen Zusammenleben der Geschöpfe. Im Dilemma unserer lastenden Erdverbundenheit und unserer menschlichen Barmherzigkeit wollen wir vielleicht unser Schuldbewußtsein übertönen und ein Gegengewicht gegenüber unserer ganz natürlichen Triebhaftigkeit und unserer Jagdlust einerseits und unserer Ess- und Geschmackslust andererseits schaffen. Solche Erkenntnisse sind nicht gerade erhebend. Aber ihre Auswirkung ist doch so, dass sie den Fischen das Leben mehr erleichtert, als wenn sie ganz ihrer rauhen und vielerorts gestörten und zerstörten Umwelt überlassen wären.

Vor hundert Jahren, als die Regulierungsschäden an Bächen und Flüssen noch hoffen ließen und reparabel erschienen - die durch Fahrrinnen und Buhnen gezähmten Ströme haben eine noch viel ältere Geschichte des Unterganges ihres Wasserlebens -, hat KARL HEINTZ sich verpflichtet gefühlt, den notleidenden Forellen zu helfen. Wo in regulierten Bächen die Strömung zu schnell und die Tiefe zu gering geworden war und wo Uferbegradigungen und -befestigungen den Standforellen die Überhänge und Unterstände genommen hatten, da empfahl er das Einrammen von Pfählen, mehrere hintereinander im spitzen Winkel wasserabwärts vom Ufer wegstrebend. Daran bleibt allerhand Schwimmgut hängen und bald bilden sie mit festgehaltenen Ästen und Zweigen, die schnell von Moos und Algen bewachsen werden, eine ideale Schutzwehr mit Deckung gegen Sicht und mit ruhigem Rückwasser. Solche einfachen Mittel sind heute durchaus noch aktuell! Ebenso auf Pfählen tischartig aufgenagelte Holzplatten oder Bretter, die der Forelle außer dem begehrten Sichtschutz auch eine verlangsamte Strömung bieten. Fehlte in künstlich verlangsamter Strömung der blanke Kies, weil Sand, Schlamm und Moos nicht mehr weggespült wurden, dann empfahl er das Anlegen von künstlichen Laichstellen durch einige ins Bachbett gekippte Fuhren Kies. Auch das ist heute in manchen kleinen Bächen noch durchführbar und erfolgversprechend. Aber noch mehr bewirken in allen gleichmäßigen Bachbetten mit einfachsten Mitteln, großen Steinen oder Betonbrocken und Balken hergestellte Schwellen, vor denen sich bald der Kies aufstaut und hinter denen sich Vertiefungen und Rückläufe bilden.

Die Wahl der Materialien will aber gut überlegt sein, und es darf keinesfalls der Eindruck einer Bauschuttentsorgung unter dem Vorzeichen der Renaturierung entstehen. Wenn es unterhalb solcher Schwellen tief genug ist, stehen dort bald Bach- und Regenbogenforelle. Wird der Bach zum Fluß, dann versagen allerdings oft unser Möglichkeiten, den Fischen Hilfestellung zu leisten. Meist müssen wir uns darauf beschränken, jedes angeschwemmte Hindernis zu begrüßen und pfleglich zu behandeln und es nicht zu entfernen. Und wo ein unterspülter Uferbaum sich zum Wasser neigt und hineinzufallen droht, da dürfen wir zwar nicht nachhelfen, ehe jemand auf den Gedanken kommt, ihn abzusägen. Aber unsere heimlichen Wünsche kann uns niemand verbieten. Das Wasserbauamt sorgt schon dafür, dass solche Hindernisse als willkommene Standplätze Fisch und Angler nicht jahrelang erfreuen.

Wo aber die Regulierung Altwasser hinterlassen hat, ideale Einstände von Hechten und gute Lebensräume von Karpfen, Schleien und Rotaugen, an seichten Stellen auch gute Plätze für Jungfische, da sollte man nichts unversucht lassen, eine schnelle Verlandung aufzuhalten und immer die Verbindung zum Fließwasser offenzuhalten. Diese Interessen laufen allerdings den Absichten der Wasserbauämter oft diametral entgegen, die nur schleunige Verlandung anstreben. Aber bei geschickter Argumentierung und Verhandlungsführung gelingt es nicht selten, sogar eine Ausbaggerung solcher Altwässer genehmigt zu bekommen. Das bedeutet dann meistens auf Jahre hinaus eine Rettung guter, genügend tiefer Standplätze, Laichmöglichkeiten und Aufzuchtgebiete. Mangelnde Voraussicht oder unangebrachter Fatalismus gehen oft an solchen Möglichkeiten vorbei. Sie sind aber bei zunehmender Regulierung, Wasserbeschleunigung und Begradigung nicht zu unterschätzen, wenn es heißt, unseren Fischen ihren Lebensraum zu erhalten.

Sollen wir nun in diesem Sinne Schilf und Wasserpflanzen als Segen oder als Belastung für ein Fischwasser ansehen? Die Antwort lautet nicht ja oder nein; es kommt auf die jeweilige Situation an. Schilf und Wasserpflanzen bieten den Fischen einerseits wunderbare Unterstände, Sichtschutz und Laichräume, sie sind aber andererseits die Wegbereiter und Motoren der Verlandung. Man muss schon sehr weitschauend sein, wenn man Vor- und Nachteile vernünftig gegeneinander abwägt. Wo Hochwässer für eine natürliche Begrenzung des Schilfgürtels sorgen, einerseits ein Wachsen zulassen, andererseits zu großer Üppigkeit rigoros Einhalt gebieten, da soll man kaum eingreifen. Wo aber in Altwässern, Seen und Unterläufen von Flüssen ein wenig schwankender Wasserstand das ständige Wachsen von Schilf und Kraut und damit die Verlandung begünstigen, da ist ein regelmäßiges Ausmähen und Entkrauten notwendig. Wenn jemand bei der Schwerstarbeit des Schilfmähens und Entkrautens verzagt oder darauf schimpft, dass diese harte Arbeit ja doch nur dem Spinnfischer oder Grundangler zugutekommt, die im freigewordenen Wasser besser ihren Grund- oder Spinnköder plazieren können, dann soll er doch bedenken, dass an solchen Stellen ruhigen Wassers die Natur immer bald wieder Ruhe- und Laichplätze schafft. Kraut- und Schilfroden erleichtern der Natur aber diese Regeneration immer wieder von neuem, weil es so einer sonst schnell fortschreitenden Verlandung entgegenwirkt. Sind jedoch solche kaum wachsende Krautbetten oder Schilfränder eine alte, sich wenig verändernde Erscheinung, da wäre es eine Todsünde, sie zu entfernen. Da wären Schilfsense und Krautrechen in der Tat keine Werkzeuge des Hege und Gewässerpflege. In diesen wenigen Maßnahmen, das Bach- oder Flußbett und die Ufer für die Fische zu verbessern, erschöpfen sich meist die uns gegebenen Hilfsmittel, bereits aufgetretene Schäden zu mildern, es sei denn, man zieht noch die vielen kleinen Möglichkeiten in Betracht, die ein individuelles, ganz auf das betreffende Wasser zugeschnittenes Verhalten geradezu herausfordern.

So denke man auch daran, halbzentnerschwere und noch schwerere Steine anzufahren und an geeigneten Stellen im Bachbett zu versenken, wo die Natur sich gerade anschickte eine bescheidene Schwelle zu bilden. Möglichkeiten dieser Art und sicher noch viele, viele andere bieten sich dem Fischer immer an, wenn er gelernt und erkannt hat, was dem Fisch behagt. Und solche mit der physischen Kraft einzelner Menschen zu bewerkstelligende Maßnahmen, die durchaus schon als bescheidene Renaturierungsmaßnahmen zu betrachten sind, dürften wohl kaum die für die Gewässer zuständigen Behörden veranlassen, uns als naturbewußte Angler solches zu untersagen. Dennoch ist diesbezüglich immer Vorsicht geboten, denn deutsche Regulierungs- und Verbotswut ist unberechenbar und ungezügelt. Das Schaffen von Angelplätzen durch umsichtiges und den Naturschutz beachtendes Ausholzen, Roden und Ausschneiden dichten Weidengestrüpps oder eines allzu dichten Schilfgürtels, ferner die Beseitigung von

Schäden, die die Bisamratte unseren Ufern zufügt, sollten wir nur dann zu den Maßnahmen der Gewässerpflege und Weidgerechtigkeit rechnen, wenn der neue Angelplatz uns anregt, nicht mehr Fische, sondern bestimmte Fische zu fangen, die eben wegen ihrer Größe oder sonstiger das natürliche Gleichgewicht störender Eigenschaften aus dem Wasser entfernt werden müssen.

Es ist klar, dass alle diese Mittel sich recht bescheiden ausnehmen gegenüber den geradezu dezimierenden Folgen unsachgemäßer Verbauungen und Regulierungen, denen unsere Fische ausgesetzt sind. Zwar hat die Natur inzwischen selbst die Wasserbauer gelehrt, dass weder eine rigorose Abflussbeschleunigung noch ein übertriebenes Verlangsamen und Stauen des Wassers Allheilmittel sind, aber es werden doch immer noch Wasserbauvorhaben durchgeführt, die den Fischen zwar ihre Lebensmöglichkeiten arg beschneiden, auf Dauer aber nicht die „regulierende" Wirkung haben, die man sich erhoffte. Fehlplanungen und irreversible Zerstörung intakter Kulturlandschaften sind leider überall noch an der Tagesordnung. Hier wäre immer der Ort, wo die Agilität des Angelfischers einsetzen müsste. Der einzelne Fischer allerdings hat dabei wenig Gewicht. Er wird kaum gehört und läuft sogar Gefahr als Querulant beschimpft zu werden. Nur die Organisation kann hier helfen. Ein namhafter Fischereiverein oder gar ein Verband hat wesentlich mehr Gewicht und ist nicht selten in der Lage, schlimmste Schäden an den Gewässern zu verhüten. Es ist nun einmal so, dass die noch so beweiskräftige Ansicht des einzelnen nichts ausrichtet. Das Mitspracherecht oder der Einspruch einer Organisation vermag dagegen oft viel. Schon mancher sonst so liebenswerte Individualist musste mit Schrecken erleben, dass sein Fischparadies dem Untergang geweiht war, weil er versäumt hatte, seine Interessen einer gewichtigen Organisation anzuvertrauen. Das ist heute nun einmal so. Wir Fischer hinken weiterhin den Land- und Forstwirten und den Jägern nach, wenn wir glauben, als Einzelne noch ein Eigenleben führen zu können. Wir leisten der Weidgerechtigkeit als Angelfischer heute nur noch einen Dienst, wenn wir einer Zelle der Verbände angehören, die für das Wohl der Gewässer und der Fische und nicht zuletzt für die Sauberkeit der Gewässer kämpfen. Aber aufgepasst: Nicht jede Organisation, die sich den Naturschutz auf die Fahne geschrieben hat, ist unser Verbündeter als Angelfischer. Die Anfeindungen aus den Kreisen selbsternannter Naturschützer, die ohne jede Sachkenntnis Ökofundamentalismus betreiben und uns das Angeln und den Jägern das Jagen verbieten wollen, sind keine Partner in unserem Kampf um gesunde Biotope für eine gesunde Fischwelt.

Ob nun das Vereinsmitglied sich immer weidgerechter verhält als der Alleingänger, möge dahingestellt sein. Jedenfalls sollte es so sein; denn ein gut geführter Fischereiverein ist meistens auch eine gute Informationsquelle über alle brennenden Fragen der Weidgerechtigkeit und eine solide Schule für die Belange am Fischwasser. Darüber hinaus kommt zu der beruhigenden Gewißheit, als Vereinsmitglied im Kampfe gegen alle fischfeindlichen Gewalten in der Front zu stehen, so manche Anregung und nicht zuletzt eine belebende Unterhaltung mit Gleichgesinnten. „Die Schmutzflut steigt!", so hat ALFRED J. KARBE, der bekannte Vorkämpfer für gesundes Wasser, einen alarmierenden Artikel treffend betitelt, in dem er die erschreckende Zunahme der Verschmutzung unserer Fließgewässer aufzeigte. Was nützen uns alle unsere dürftigen Mittel der Hege und Pflege, der Beschränkung und Bescheidung im Fang, des Einsatzes von Jungfischen und der Verbesserung ihres Fortkommens, wenn unser Wasser nicht sauber bleibt, wenn Abwässer aller Art unseren umhegten Fischen und deren Nährtieren den Sauerstoff wegfressen! Immer mehr Abfallstoffe sollen unsere Gewässer Jahr für Jahr verkraften. An den Fisch denken Mensch und Abwasserwirtschaft zuletzt. Sein Leiden und Sterben unter der Wasseroberfläche ist ja so wenig auffallend und wird allenfalls bemerkt, wenn sich massenweise Fische nach einer Vergiftung tot am Wehr sammeln. Nur die Gesundheitspolizei fürchten Gewässerverschmutzer vielleicht, weil diese das Trinkwasser genussfähig und das Wasser des Freibades der Gesundheit zuträglich erhalten muss, und weil es bei Verstößen gegen diese Grundregeln zu unangenehmsten Folgen für den Schmutzproduzenten kommt. Also müssen wir uns mit den Organen der Gesundheitspolizei eng verbünden und weiter anstreben, dass sich der heute so einflussreiche (nicht ökofundamentalistische) Tierschutz, der unsere Haustiere so vorbildlich zu schützen imstande ist, viel mehr als bisher auch der stumm, ungehört und kaum gesehen leidenden Fische annimmt. Hier im Großen und im Kleinen gegen die steigende Schmutzflut anzukämpfen, ist heute das erste Gebot der Weidgerechtigkeit. Im Großen gelingt das nur über die Mitgliedschaft und die aktive Mitarbeit in den Verbänden, die sich den Schutz unseres kostbaren Wassers zur Aufgabe gemacht haben. Im Kleinen gibt es zahlreiche Möglichkeiten, die man nicht unterschätzen sollte! Den Bauern überzeugen, was seine Jauche anrichten kann, wenn er sie in den nahen Bach fließen lässt; die Hausfrau und den Handwerker in kleinen Orten ohne Kanalisation dazu bringen, dass sie nicht alles und jedes durch den Ausguss jagen; mit Unternehmern und Industriemeistern am Wasser gelegener Produktionsbetriebe sprechen, dass sie ihre Säuren und Laugen, ihre mechanischen und chemischen Rückstände nach Vorschrift des Wassergesetzes behandeln; und wenn die gütliche Überredung nicht reicht, dann mit einer guten Prämie für den nachhelfen, der unmittelbar für die einwandfreie Behandlung der Abwässer und gutes Funktionieren der Kläranlage verantwortlich ist.

Das sind angesichts Tausender Wasserverschmutzer natürlich keine umwerfenden Lösungen, aber im Einzelfall dennoch mehr oder weniger probate Mittel, denen sich manche weiteren zugesellen lassen. Ihre Kenntnis und ihre Handhabung setzen aber voraus, dass der Fischer gelernt hat, die Symptome des kranken Wassers und des kranken Fisches zu sehen und zu beurteilen. Das ist eine kleine Wissenschaft für sich, deren Studium aber heute keinem Fischer erlassen werden kann. Es gibt eindrucksvolle Merkblätter, laufende Hinweise in der Literatur und nicht zuletzt wertvolle Kurse für Gewässerwarte, die dieses Wissen vermitteln. Verhüten, solange es geht, auch mit den uns möglichen „kleinen" Mitteln; die Schäden erkennen und Hilfe schaffen, wenn es noch nicht zu spät ist; die richtigen Maßnahmen treffen, wenn es heißt, Fischsterben anzuprangern und die Verursacher schonungslos anzuklagen - das muss heute der fischgerechte Angler beherrschen! Jeden Tag kann an jeden einzelnen eine solche Aufgabe herantreten. Da heißt es dann, schnell und sicher beurteilen können, was getan werden muss. Art und Umfang der Verunreinigung feststellen und eventuell unter Zeugen Wasserproben an den richtigen Stellen entnehmen; den nächsten Polizeiposten verständigen, einen Polizeibeamten gleich zum Wasser mitnehmen; verendete oder verendende Fische bergen, damit sie zur Untersuchung der Todesursache an ein zuständiges Laboratorium oder eine biologische Versuchsanstalt eingeschickt werden können; am Wasser entlang flussaufwärts fahren oder gehen, um die Quelle der Verschmutzung zu suchen. Durch schlimme Erfahrungen klug gewordene Fischerkameraden, haben im Wagen immer zwei Flaschen zur Entnahme von Wasserproben oberhalb und unterhalb von Abwasserrohren oder -gräben, und immer ihr Abwassermerkblatt mit dem Fischereischein zusammen in ihrer Tasche. Das sind schon böse Begleiterscheinungen des Fischens, die zwar für unsere eigene Situation kennzeichnend sind, aber noch viel mehr das Elend des Erstickens erkennen lassen, das unseren von allen Seiten eingekreisten Fischen ständig droht.

Welche kleine Rolle spielt dagegen heute in den meisten Gegenden der Fischfrevel, in den „guten, alten Zeiten" sozusagen unsere einzige Sorge! Zwar hat auch dieses Unwesen durchaus nicht abgenommen, aber es ist längst nicht mehr unser Feind Nr. 1. Dieser Feind des Fisches und des Fischers ist ja auch viel leichter zu erkennen und zu bekämpfen als der anonyme Sauerstoffzehrer, der sich vielleicht schon von weither eingeschlichen hat und oft erst nach Tagen offenkundig wird, wenn die Vergiftung Tod und Verderben gebracht hat. Dennoch dürfen wir auch den Fischfrevler nicht übersehen. Denn neben dem Fischfrevel, einem immer noch zu niedrig eingestuften Diebstahl, macht er sich meistens ja auch der schlimmsten Tierquälerei schuldig, weil ihn seine Fanggier in der Regel nicht vor den quälendsten Angelmethoden Halt machen lässt. Der „weidgerechte" Wilderer und Schwarzfischer existiert nur noch in der Phantasie nicht mehr zeitgemäßer Autoren, die weder die Jagd noch den Fischfang selbst erlebten. Der moderne Schwarzfischer ist bestens ausgestattet mit gutem Angelgerät, Handy und Motorisierung, er ist höchst beweglich und schwer zu fassen. Hat man endlich einen Fischdieb, ist es – zumindest in Deutschland – eine Ausnahme, dass man ihm wirklich auf die Finger klopft. Schon die Staatsanwaltschaft schaut vielfach weg und lehnt die Einleitung von Ermittlungsverfahren mit der fragwürdigen Behauptung ab, „es fehle am öffentlichen Interesse einer Strafverfolgung" – und stellt die Sache ein.

Es gibt keine größere Ermutigung für Schwarzfischer als lahme Staatsanwälte und zahnlose Richter. Aber wenn es ausnahmsweise hart auf hart geht und die Sache wirklich vor den Richter kommt, finden sich doch immer Einsichtige und Mutige, die durchaus Recht von Unrecht zu unterscheiden wissen. Deshalb soll man jedem Verdacht nachgehen, bis zur Quelle des Gerüchts oder der Verdächtigung vordringen und nicht ruhen, bis man den Übeltäter vor dem Kadi hat. Auch das ist ein aktiver Beitrag zum Fisch- und Gewässerschutz, wenn er auch oft enttäuschend verläuft, weil Justitia zumindest auf diesem Auge sehschwach, wenn nicht sogar erblindet ist. Und wenn wir anständige Kerle, Jagd- und Forstgehilfen, naturliebende Pensionäre und sonstige vertrauenswürdige Wasseranwohner zu Aufsehern bestellen, so sind diese Vollzieher der Weidgerechtigkeit, also mit uns zusammen Heger und Hüter. Sie sind unsere Freunde! Jagdhüter und Jäger, Fischereiaufseher und Fischer, sie arbeiten nur dann fruchtbar zusammen, wenn sie nicht nur von der gleichen Natur- und Tierliebe beseelt sind, sondern wenn diese Bindung auch die Abhängigkeit von ihren Mitmenschen weit übertrifft. Von einem Aufseher, der sich vor lauter Rücksichtnahme auf gemeinsame Bekannte und Mitbürger nicht traut, einen erwischten Fischfrevler aus seinem Ort zur Anzeige zu bringen, soll man sich schnell wieder lösen. Es gehört schon etwas Zivilcourage zu diesem Geschäft!

T. Stothard R.A. Aug. Fox sc.

Weidgerechtigkeit und Gerätewahl

Wenn wir bei unseren Überlegungen über die Weidgerechtigkeit zurückschauen, scheint es, als würde unser Angelgerät dabei nur eine untergeordnete Rolle spielen. Nur im Abschnitt „Verantwortung gegenüber dem Fisch“, wurde die oft unverantwortliche Verwendung zu schwacher Schnüre und zu kleiner Haken behandelt, wurden Schnurstärken, Vorfächer und Hakengrößen erwähnt. Von Ruten, Rollen und anderen Geräten des ständigen Bedarfes war bisher nicht die Rede. Das war Absicht, denn es ist wirklich so, dass im Allgemeinen nicht so sehr das Angelgerät unser weidgerechtes Verhalten bestimmt, als vielmehr der Geist und die Moral desjenigen, der das Angelgerät führt. Dennoch ist ein sachgerechtes Angelgerät nicht zu unterschätzen, und es steht in unmittelbarem Zusammenhang mit weidgerechter Angelfischerei. Wir dürfen uns nicht mit angelgerätemäßiger Flickschusterei zufrieden geben. Ein verantwortungsbewußter Jäger würde niemals eine verschlissene, schlecht justierte oder anderweitig unzuverlässig funktionierende Waffe auf ein Stück Wild richten. Zu groß wäre die Gefahr, das Wild zu verfehlen oder gar krank zu schießen, als es im Knall zu strecken. Kein anderer Maßstab darf für den Angelfischer gelten! Nur die sachgerechte Wahl und Zusammenstallung des Angelgeräts garantiert in Kombination mit anglerischer Erfahrung den Fisch ohne unnötige Qualen und sonstige Risiken zu haken, zu drillen und zu landen.

Wenn man mit der bescheidenen Anzahl der Ruten- und Rollenmodelle der früheren Zeit unser heutiges Riesensortiment vergleicht, sollte man meinen, dass erst heute eine wirklich weidgerechte Angelfischerei möglich ist, während die frühere Angelfischerei mit groberem Gerät nur beschränkte Möglichkeiten bot, der Art, Größe und Kampfkraft des Fisches zu entsprechen. Das würde aber nicht ganz den Kern der Sache treffen. Vielmehr müssen wir unsere angelnden Vorfahren bewundern, weil sie bei weidgerechter Einstellung ungleich größere Schwierigkeiten zu überwinden hatten, während die fortgeschrittene Technik, modernste Materialien und Verarbeitungen heute keine Entschuldigung zulassen, wenn die in den modernen Geräten steckenden Möglichkeiten der weidgerechten Handhabung nicht ausgenutzt werden.

Erinnern wir uns zurück: Wie schnell verrottete zum Beispiel eine geklöppelte Seidenschnur. Wie viel Pflege erforderte sie. Es war ein ewiges Abspulen, Lüften, Trocknen und Wiederaufspulen. Der Seidenwurmdarm, das damalige Vorfachmaterial, musste vor jedem Gebrauch durch Wässern weich gemacht werden, um ihn strecken und knoten zu können. Wie schnell fransten die feinen gezogenen Därme aus und verloren dann bald ihre Zerreißfestigkeit. Man hatte ständig damit zu tun, und jedes Übersehen und jede Nachlässigkeit rächte sich bitter. Diese Schwierigkeiten wurden mit einem Schlag durch die Erfindung und Anwendung synthetischer Materialien für die Schnurherstellung aus der Welt geschafft. Synthetische Schnüre lassen sich praktisch in jeder Länge, Stärke, Farbe und Steifheit monofil und mulifil herstellen. Ihre gleichmäßige Kalibrierung, enorme lineare Reißfestigkeit und hohe Knotenfestigkeit haben anglerisch neue Welten eröffnet. Es muss aber einschränkend festgestellt werden, dass diese Hochleistungsschnüre versagen können, sobald unsachgerechte Knoten verwendet werden oder die Schnur mechanisch verletzt, zum Beispiel aufgeraut oder geknickt, wird. Deshalb muss der Angelschnur stets besondere Obacht zukommen.

Es haben sich für die verschiedenen Angelzwecke seit Erfindung der monofilen synthetischen Angelschnur bestimmte Schnurstärken eingebürgert, die den Schnurdurchmesser in Millimeter angeben. Die Tatsache, dass moderne Hochleistungsschnüre heute ein

Mehrfaches an Reißfestigkeit bzw. Tragkraft besitzen als Schnüre gleichen Durchmessers vor 30 oder 40 Jahren, zwingt zu der Überlegung, ob es eigentlich vernünftig ist, z. B. weiterhin für den Fang kleiner Friedfische wie Laube und Hasel oder handlanger Döbel, Plötze und Barsche Schnüre von 0,15 bis 0,20 mm Durchmesser zu empfehlen. Heißt das doch für moderne Schnüre, dass deren Reißfestigkeiten zwischen 2,2 und 4,0 kg liegen. Hier wird deutlich, dass die eingebürgerten Durchmesserangaben für die jeweils fischartenspezifisch erforderliche Schnurstärke nicht mehr passen. Die Engländer haben das schon immer sinnvoller gemacht; sie empfehlen seit eh und je Schnüre nicht nach Durchmesser, sondern nach Tragkraft, also für diese oder jene Fischart Schnüre von soundsoviel Pfund. – Unser auf alte Gewohnheiten basierendes System der Schnurtaxierung nach Millimeter wird sich nicht so ohne weiteres ändern lassen. Nichts ist zäher als alte Gewohnheiten.

Die Angelschnur wurde als erstes unserer Geräte erwähnt, weil sie das wichtigste Verbindungsstück zwischen Fisch und Fischer und bei Anhieb und Drill und für das Halten und Bergen der Beute von ausschlaggebender Bedeutung ist. Auf die Bedeutung der Schnur für den weidgerechten Fang wurde schon weiter oben hingewiesen, so dass hier auf weitere Beispiele verzichtet werden kann. Es muss noch bedacht werden, dass nach einer alten und eigentlich selbstverständlichen Regel eine Kette, eine Trosse, ein Seil, ein Faden und natürlich auch eine Angelschnur nur so stark ist wie die schwächste Stelle. Deshalb ist es sinnlos, zum Beispiel in starke Schnüre zu kleine und somit zu schwache Wirbel oder Einhänger einzufügen. Diese sollen mindestens so reißfest sein wie die Schnur. Gegen diesen Grundsatz wird aber zugunsten einer möglichst großen Unauffälligkeit der Angelmontage oft verstoßen, so dass dann ein Wirbel sich aufzieht oder bricht, lange bevor die Bruchgrenze der Schnur erreicht ist. Es muss nun einmal in Kauf genommen werden, dass ein besonders scheuer Fisch durch den Wirbel, der zum Beispiel beim Spinnfischen als Fremdkörper vor dem Köder durch das Wasser zieht, abgeschreckt wird, oder dass eine Forelle gar danach schnappt, statt den dahinter folgenden Spinnköder zu nehmen. Dass man deshalb den Wirbel so gedrungen und matt wie möglich wählt, ist selbstverständlich. Aber ebenso selbstverständlich sollte sein, dass dabei die Grenze nicht unterschritten wird, die durch den genannten Grundsatz gezogen ist.

Eine Wissenschaft für sich ist die Wahl der richtigen Hakengröße. Darüber ist aus gutem Grund in den Lehrbüchern manches nachzulesen. Wie ein roter Faden zieht sich durch fast alle Kapitel die Erfahrung, dass der Fangerfolg sehr oft davon abhängig ist, dass der Haken nicht größer als nötig gewählt wird. Von der Warte weidgerechten Verhaltens gesehen, bestimmen aber die Fangaussichten durchaus nicht allein die Hakengröße. Auch hierüber wurde bei den Überlegungen über die Gefahren gesprochen, die unseren Fischen durch zu kleine Haken oder Drillinge drohen. Wir stellten fest, dass zu kleine Köder mit entsprechend kleinen oder zu kleinen Haken sich leicht im Schlund der Fische verankern und so das Zurückversetzen des untermassigen Fisches erschweren oder unmöglich machen, vom großen Fisch bei Schnurriss aber nicht mehr ausgestoßen werden können, so dass er oft elend zugrunde gehen muss. Deshalb muss man der genannten These entgegenstellen, dass die Weidgerechtigkeit verlangt, den Haken nicht kleiner als nötig zu wählen. Die beiden Beispiele, wie die untermassige Forelle mit Kleinstdrillingen im Rachen nicht mehr zurückgesetzt werden kann und wie der abgerissene Hecht, der die zu kleinen Drillinge im Schlund sitzen hat, hilflos umkommen muss, zeigen zur Genüge, dass unsere Entscheidung nicht zweifelhaft sein kann. Im Widerstreit zwischen dem Wunsch nach möglichst großem Fang einerseits und tadelloser Weidgerechtigkeit andererseits werden wir uns dazu entscheiden müssen, den Haken keinesfalls kleiner als unbedingt nötig zu wählen.

Schnurstärke und Hakengröße sind also die beiden Geräteelemente, die den Geist und die Fischermoral desjenigen kennzeichnen, der sie für bestimmte Fische und Fangmethoden auswählt. Und da sie für eine humane Behandlung des Fisches so ausschlaggebend sind, muss auch vom jungen und ebenso vom älteren Angler schon eine gewisse Sicherheit in der richtigen Wahl dieser beiden Geräte verlangt werden. Er kann sie sich aber nur aneignen, wenn er sein Buchwissen ergänzt und vertieft in den praktischen Lehrstunden in Begleitung eines erfahrenen Fischers, der bei gutem menschlichen Kontakt gern sein Lehrer sein wird. Das schon einmal erwähnte Alleingängertum noch so begeisterter Anfänger wird jeder gestandene Angler ablehnen, der nur einmal erlebt hat, was für den Fisch dabei herauskommt. Aber diese Einsicht verpflichtet immer von neuem, dem Nachwuchs mit Verantwortungsfreude und mit Güte die richtigen Wege zu zeigen.

Nach dieser erneuten Erkenntnis leuchtet es ein, dass Rolle und Rute, so wesentlich sie als augenfälligstes Angelgerät schlechthin erscheinen mögen und so wichtig sie als Fanggerät bei Wurf und Drill sind, vom Standpunkte der Weidgerechtigkeit „nur" Werkzeuge darstellen, Schnur und Haken sorgsam und feinfühlig zu handhaben. Die Angelrolle von heute stellt uns in diesem Sinne vor keine Probleme. Festzuhalten ist, dass das alte System der sich drehenden Schnurtrommel, die beim Drill an den Griffen gehalten wird, eher ein Abreißen der Schnur bei plötzlichen Fluchten möglich macht, als es bei der Stationärrolle der Fall ist. Bei dieser soll ja gerade durch die einstellbare Spulen- bzw. Schnurbremse ein Schnurbruch verhindert werden. Man muss aber leider immer wieder feststellen, dass manche Angelfischer den Sinn dieser Bremse, Schnurabgabe während des Drills größerer Fische zu ermöglichen, nicht richtig erfaßt haben. Man sollte dieses Mittel der gefahrlosen und wohldosierten Schnurabgabe während des Drills unbedingt sorgfältig einsetzen und immer die

Bremse im richtigen Verhältnis zur Schnurstärke eingestellt haben. Das gilt sinngemäß auch für die Fliegenrolle.

Die Angelrute spielt scheinbar bei den Anforderungen der Weidgerechtigkeit an unsere Geräte eine geringere Rolle – scheinbar! Dass sie richtig gehandhabt wird, ist natürlich Voraussetzung. Und dass der Fisch mit roher Kraft behandelt wird, die Rute dabei zu Bruch geht und der Fisch abreißt, dürfte wohl zu den seltenen Ausnahmen gehören, zu denen uns jedoch auf allen Gebieten die Unbelehrbaren oder bedauernswert Ungeschickten immer wieder verhelfen. In bestimmten Grenzen schreibt uns allerdings ein weidgerechtes Fischen auch Art und Stärke der Angelrute vor, was zwei Extremfälle zeigen mögen: Fischt man mit sehr leichter und weicher Rute, aber mit relativ starker Schnur, ist man trotz dieser nicht in der Lage, einen größeren Fisch von Hindernissen, Kraut und Schilf fernzuhalten, so dass man abreißen muss, wenn der Fisch nicht mehr ins freie Wasser zu führen ist. Verwendet man aber eine schwerere und steife Rute mit dünner Schnur, so ist es schon dem mittleren Fisch ein Leichtes, sich von der unelastischen, nicht federnden Gerte abzuschlagen - das heißt, die Schnur abzureißen und mit dem Haken oder dem Spinner im Maul ziemlich sicher umzukommen. Für jede Angelsituation die richtige Rutenart und -stärke zu wählen, ist also durchaus ein Erfordernis weidgerechten Fischens. Und nicht weniger wichtig ist es, für jede Rutenstärke die richtige Schnur auszusuchen.

Wie überall im Leben und besonders im Reich der Technik ist es nicht zuletzt auch bei unserem Angelgerät so, dass das Schöne und Harmonische auch zweckmäßig sein muss und umgekehrt. Sind Rute und Rolle in der Aktion und in der Schwerpunktslage ausgewogen, und passen Schnur und Haken dazu, herrscht also hier eine unbedingt anzustrebende Harmonie. Und befindet sich das so zusammengestellte Angelgerät endlich auch in Übereinstimmung mit der Größe und Körperkraft des Angelfischers, dann kann man mit Recht von einer weidgerechten Zweckmäßigkeit sprechen, denn es ist so ohne Schwierigkeit zu handhaben und zu meistern, wodurch die Vorbedingung für ein sicheres, schnelles und gefahrloses Drillen und damit eine Abkürzung der den Fisch immerhin quälenden Befreiungsversuche gegeben ist.

Es ließen sich noch viele Fragen der richtigen Gerätewahl und deren Handhabung hier behandeln, doch würde das dem Zielansatz dieser Schrift sprengen. Wer zur optimalen Gerätewahl finden will, hat gut sortierte Angelgerätehändler in jeder etwas größeren Stadt. Auch hervorragende Fachliteratur steht jedem offen. Am besten aber ist es, wenn man sich einem erfahrenen Angler anschließt und sich Schritt für Schritt in die Feinheiten weidgerechten Fischens hineinarbeitet.

Grenzen der Weidgerechtigkeit

Es erübrigt sich, in diesem Zusammenhange nun auch noch die Fangmethoden zu beleuchten. Deren Beschreibung nach Anwendbarkeit, technischer Durchführung, Vor- und Nachteilen ist der wichtigste Gegenstand unserer Lehrbücher. Hier interessieren nur ihre Eigenarten, soweit sie etwa unsere humanen Absichten beeinflussen oder gefährden. Und das wurde ja nun in den einzelnen Kapiteln darzulegen versucht.

Es ist Ansicht der Verfasser, dass auf den ersten Blick so wichtig erscheinende Dinge wie die Fischersprache in Art der Jägersprache, die Fischerbekleidung, das Verhalten der Fischer zueinander am Wasser, die Ästhetik der Fangversorgung und manches mehr nur wenig mit der Weidgerechtigkeit zu tun haben. Selbstverständlich streben wir eine Höchstform auch in diesen Dingen an, die ja eigentlich von den auch sonst in der Welt geltenden Normen der Ordnung, der gesellschaftlichen Umgangsformen, der Höflichkeit und des Anstands bestimmt werden. Doch stehen diese nur in mittelbarem Zusammenhange mit unserem Verhalten zum Lebewesen jeder Art und zum Fisch im Besonderen. Nur diese innere Einstellung steht hier zur Debatte. Und nur am Rande sei deshalb vermerkt, dass auch die „äußere Form" des Angelfischers, sein Auftreten in der Öffentlichkeit wie am Fischwasser ständiger Entwicklung und Verbesserung bedürfen, bis ein uns vorschwebender Idealzustand erreicht oder wenigstens angestrebt wird.

Der eine oder andere Leser dieser Schrift, die die Regeln der weidgerechten Angelfischerei einmal zusammenhängend darzustellen und zu bewerten versucht, wird an dieser oder jener Stelle den Eindruck gehabt haben, dass manches reichlich doktrinär, zu lehrhaft und zu allgemeinverbindlich vorgetragen wurde. Es kann wohl nicht ausbleiben, dass eine Aufstellung von Verhaltungsmaßregeln immer etwas theoretisch und schulmeisterisch, sozusagen vom grünen Tisch kommend, aussehen wird. Dieses Problem haben wohl alle Programme, Gesetze und Regeln, wenn auch noch soviel Praxis und Erfahrung darin ihren Niederschlag gefunden haben. Dieser Eindruck wird noch dadurch verstärkt, dass dabei versucht werden muss, alles zu erfassen, was nur eben dazu gehören kann, also auch viele Details, die dem einigermaßen in der Materie stehenden Leser als „alte Hüte" selbstverständlich erscheinen müssen. Vielleicht hat man aber Verständnis für den Umfang und manche Weitschweifigkeit dieser Schrift, wenn man uns zugute hält, dass von Anfang an die Absicht bestand, unsere Angelfischerideen dem Nachwuchs näher zu bringen. Dieses nicht zuletzt vor dem Hintergrund auf die sicher einmal kommende Fischerprüfung und auch im Hinblick auf die weitere Anhebung des Ansehens der Anglerschaft in der Öffentlichkeit. Ferner kann nicht ausbleiben, dass mancher Gedanke nicht allgemein gültig ist, sondern nur auf den mitteleuropäischen oder gar nur deutschsprachigen Raum bezogen werden darf. Es ist aber wohl zu unterstellen, dass die Grundgedanken überall anwendbar sind, wenn auch hier und da in mehr oder weniger abgewandelter Form. Schließlich wäre noch zu sagen, dass es sich hier ja nur um eine Studie, eine Zustandsbeschreibung, handelt, die auf den derzeitigen Realitäten in unserer Angelfischerei fußt. In Zukunft können sich durchaus neue Gesichtspunkte ergeben, die eine Veränderung oder Ergänzung der aufgestellten Regeln der weidgerechten Angelfischerei notwendig machen.

Das Ethos des Anglers

Nichts wird sich heute und in Zukunft an dem Geist und der Moral ändern, die der weidgerechten Angelfischerei zugrunde liegen. Deshalb wird das Ethos des Angelfischers als sittlich moralische Gesamthaltung auch immer unverändert bleiben. Von Ethos ist ja heute soviel die Rede. Doch ist es nichts anderes als die Ausrichtung aller unserer Gedanken und Handlungen nach den Grundsätzen der Weidgerechtigkeit im Sinne der Humanität, der Naturliebe, der Freundschaft und der Kameradschaft. Diese Definition wird auch einer Untersuchung standhalten, die von der klassischen Auffassung ausgeht, dass nach den Gesetzen der Ethik immer das Gute, das Anständige und das Schöne Ziel jedes Denkens und Handelns sein soll. Das ist freilich eine hohe Anforderung und in ihrer letzten Verwirklichung ein kaum erreichbares Ideal. Es genügt nicht, wenn zum Beispiel die Einhaltung von Mindestmaßen und Schonzeiten und der zusätzlichen Bestimmungen allein von der Furcht vor Blamage oder Strafe erzwungen werden. Es sollte vielmehr selbstverständlich sein, wenn alle diese Vorschriften und auch die ungeschriebenen ethischen Verpflichtungen an die Kameradschaft und den Korpsgeist appellieren, so dass ein untadeliges Benehmen beim Fischen und am Wasser überhaupt zu Geltung und Ansehen bei den Mitfischern verhelfen. Das höchste und befriedigendste Gefühl der Selbstachtung und der Freude an der Selbstverantwortung entsteht aber zweifellos erst dann, wenn wir auch ohne jede Aufsicht und allein in der Natur gar nicht auf den Gedanken kommen, der Weidgerechtigkeit zuwiderzuhandeln, wenn wir auch dann sozusagen ein „Gentleman in der Anonymität" bleiben. Sagen wir nur nicht, dass dieses immer leicht oder gar selbstverständlich wäre. Die starken Antriebe der Jagd- und Fischleidenschaft zu bändigen und zu zügeln, erfordert Charakter, diese schönste Grundlage ethischen Verhaltens! Denn der Reiz des Fischens liegt nun einmal darin, Fische zu fangen und als Beute mitzunehmen. Dabei das vom Ethos des Angelfischens vorgeschriebene Maß nicht zu überschreiten, ist wirklich eine Angelegenheit des Charakters.

Es steckt aber irgendwie ein Widersinn darin, dass es heute an einzelnen Luxuswassern Pflicht oder Sitte ist, jeden Fisch zurückzusetzen und sich nur mit der Spannung des Fangens zu begnügen, oder einen zwanzigpfündigen Hecht zurückversetzen, weil im gleichen Wasser noch ein dreißigpfündiger auf den Fang wartete.

Das ist in dem einen Falle eine Art Tierquälerei und zumindest eine wirtschaftliche Übervorteilung, und in dem anderen snobistische Übertreibung, die aber nichts mehr mit einem anständigen ethischen Maßhalten zu tun haben.

Mit sich selbst und mit der Natur in Harmonie zu bleiben, erfordert keinesfalls solchen Verzicht. Vielmehr soll uns ein guter Fang zur rechten Zeit immer Freude bereiten und uns hohe Befriedigung geben, wenn wir dann von uns sagen können, dass wir maßgehalten haben.

Das Ganze
der
Angelfischerei
und ihrer Geheimnisse,
oder
vollständige Anleitung,
die Angelfischerei
mit dem glücklichsten Erfolge zu betreiben, die Fische durch Lockspeisen aus der Ferne herbeizulocken, sie mit passendem Köder an der Angel oder auch in Reusen zu fangen und von den Kennzeichen der verschiedenen Fischarten.

Nebst Belehrungen
über die Teichfischerei, Fischkalender
oder Uebersicht monatlicher Betriebe, über die Laichzeit, Aufbewahrung und Versendung der Fische, Enthüllung der Fischfang-Geheimnisse und über die künstliche Fischzucht;
wie auch
Krebse auf belustigende Weise zu fangen.
Nach Prüfung der englischen, französischen, schwedischen und holländischen Angelfischereiweisen auf eigne Erfahrung begründet
und herausgegeben
von
Baron v. Ehrenkreutz,
Königl. Preußischem Hauptmann und Ritter des eisernen Kreuzes.

Mit mehreren Abbildungen und Umschlagsvignetten.

Zwölfte verbesserte und vermehrte Auflage.

Quedlinburg & Leipzig 1877.
Verlag der Ernst'schen Buchhandlung.

Neuauflage der Ausgabe von 1872.
320 Seiten, broschiert, Format A5,

Best.-Nr. 8063

Dieses Buch stellt eine ganz besondere Rarität dar. Zum Zeitpunkt des Erscheinens war offenbar das üblich, was wir heute als »Frevel« bezeichnen würden. Und dazu behauptet der Autor, dass die Angelei nur den höheren Ständen zustehe. Kein Angler kommt um dieses Werk herum: Das Wissen um eine erfolgreiche Fischerei des Barons wird jedem Fischer nicht nur (vermeintlich) neue und ganz unorthodoxe – auch frevelhafte – Methoden beibringen, sondern auch auf äusserst belustigende Weise die Sicht auf die Fischerei näherbringen.

Vor genau 150 Jahren erstmals erschienen, stellt dieses Werk inzwischen ein Meilenstein der Fischereiliteratur dar.